Y A-T-IL OU N'Y A-T-IL PAS UN ARABE VULGAIRE EN ALGÉRIE?

PAR

M. L'ABBÉ LEGUEST,

Membre de la Société Asiatique,
ancien élève de l'école de Nancy, ex-garde général des forêts en Algérie.

PRIX : 50 cent.

PARIS,

LIBRAIRIE DE BENJAMIN DUPRAT,

LIBRAIRE DE L'INSTITUT, DE LA BIBLIOTHÈQUE IMPÉRIALE ET DU SÉNAT,

RUE DU CLOÎTRE SAINT-BENOÎT, 7.

1858.

Y A-T-IL OU N'Y A-T-IL PAS

UN

ARABE VULGAIRE

EN ALGÉRIE?

Imprimerie de Marius Nicolas, à Meulan (Seine-et-Oise).

Y A-T-IL OU N'Y A-T-IL PAS
UN
ARABE VULGAIRE
EN ALGÉRIE?

PAR

M. L'ABBÉ LEGUEST,

Membre de la Société Asiatique,
ancien élève de l'école de Nancy, ex-garde général des forêts
en Algérie.

PRIX : 50 cent.

PARIS,
LIBRAIRIE DE BENJAMIN DUPRAT,
LIBRAIRE DE L'INSTITUT, DE LA BIBLIOTHÈQUE IMPÉRIALE ET DU SÉNAT,
RUE DU CLOÎTRE SAINT-BENOÎT, 7.

1858.

AVANT-PROPOS.

La brochure que nous livrons aujourd'hui au public est déjà imprimée depuis plusieurs mois; mais nous avons longtemps hésité à en faire la publication. On en concevra facilement la raison : nous devions par là nous mettre en opposition formelle avec la manière de voir de plusieurs orientalistes qui ont à bon droit toute notre estime et dont nous apprécions aussi bien que tout autre le savoir et le mérite incontestables. Nos travaux encore inconnus dans le monde savant légitimaient cette hésitation. A quoi bon élever la voix? Quelle autorité pouvait-elle avoir, même en alléguant des faits? Ces faits, quelque positifs qu'ils fussent, avaient besoin d'être vérifiés, et ferait-on cette vérification, si l'on n'avait aucune confiance dans celui qui osait affirmer leur existence?

Tel était l'embarras dans lequel nous nous trouvions; mais deux raisons puissantes nous ont engagé à sortir de la réserve que nous nous étions imposée.

La première a été le désir d'être utile à la colonie algérienne. Quel que soit le succès de notre œuvre, nous serons toujours certain d'avoir obéi à la voix de notre conscience, et non pas au vain désir de formuler un système. La seconde a été l'espérance que notre voix ne serait peut-être pas toujours étouffée. La manière avantageuse dont on a parlé de nous dans la *Revue de l'Algérie et des colonies* (1), les suffrages déjà obtenus en Allemagne, cette terre classique de la philologie, à propos d'un ouvrage que nous avons récemment publié sur l'une des questions les plus difficiles de la linguistique (2); tout cela nous a fait espérer que les hommes sérieux ne craindraient point de perdre un temps dont ils sont avares à si juste titre, en vérifiant eux-mêmes l'exactitude des faits consignés dans cette petite brochure. Or, c'est uniquement sur cette vérification que nous osons fonder quelque espoir de succès.

---

(1) Voir la *Revue de l'Algérie,* avril 1858.

(2) *Études sur la formation des racines sémitiques.* Voir la *Revue de Breslau,* dirigée par M. Frankel, juin 1858. L'auteur de l'article inséré dans cette revue n'a pas craint de dire que notre ouvrage devait être lu par tous les orientalistes et servir désormais de base et de point de départ à tous ceux qui voudraient traiter une question sur la formation des racines sémitiques. Voir aussi, pour les lettres qui nous ont été adressées par des savants et des philologues étrangers, au sujet de cet ouvrage, les numéros de l'*Ami de la Religion* en date des 23 mars et 1er juillet 1858.

Y A-T-IL OU N'Y A-T-IL PAS

UN

ARABE VULGAIRE

EN ALGÉRIE?

Plusieurs personnes ont prétendu qu'il n'existait pas en Algérie un arabe vulgaire. Elles ont dit que l'arabe parlé était à l'égard de l'arabe littéral ce que le français sans orthographe est à l'égard de notre belle langue française. Nous craignons que ces personnes, profondément versées dans la langue savante et trop occupées peut-être par leurs travaux scientifiques, n'aient commis une grave erreur en avançant cette opinion, erreur d'autant plus dangereuse, qu'elle peut avoir une funeste influence sur le développement de la civilisation. On peut démontrer, à ce qu'il nous semble, par des faits positifs et que chacun est à même d'apprécier, qu'il existe au moins à Alger et dans les environs, et probablement aussi dans le reste de l'Algérie, *une langue véritablement vulgaire*, une langue offrant un grand nombre de mots dont il n'y a pas trace quant à la signification dans les auteurs arabes, une langue enfin dont il est impossible de comprendre un bon tiers, si l'on ne connaît que l'arabe littéral. Mais, avant d'aller plus loin, établissons d'une manière bien nette et bien tranchée la proposition que nous voulons démontrer. Nous disons : *Il*

1

existe véritablement un arabe vulgaire ; car à côté de la langue écrite, on trouve une langue parlée par tous les indigènes, et non pas seulement par une fraction de la société arabe (1), *langue qui, tout en ayant un grand nombre de mots communs avec la langue littérale, offre néanmoins une série considérable de mots qu'on n'emploie jamais dans les auteurs, soit qu'on envisage ces mots sous le rapport de la signification seulement, soit qu'on les envisage sous le rapport des lettres qu'ils renferment.*

Cette définition une fois posée, voyons si elle peut convenir à l'arabe parlé en Algérie. Ne pouvant évidemment dans un simple Mémoire citer tous les mots de la langue, nous ne nous occuperons que de ceux commençant par la lettre ب. Si je prouve que cette lettre ب renferme une foule de mots et d'expressions qu'on ne rencontre jamais dans les auteurs, et que cette grande quantité de mots s'est trouvée produite ou par l'introduction de mots étrangers, ou d'après une loi générale qui reposant sur la nature même de la langue arabe, n'a aucune raison pour ne pas exister dans les autres lettres, on sera bien obligé de conclure que ce qui a eu lieu pour les mots commençants par la lettre ب a dû avoir lieu aussi pour les mots commençants par toute autre lettre.

Nous diviserons en trois séries les mots appartenant à la lettre ب qu'on ne rencontre pas en arabe littéral.

La première série renfermera les mots usités seulement quant à leur signification dans la langue vulgaire et dérivés d'autres mots appartenant à la fois à l'arabe littéral et à l'arabe vulgaire, ou à l'arabe littéral seulement.

La seconde série renfermera les mots usités seulement, quant à leur signification au moins, dans la langue vulgaire et provenant ou

---

(1) Il est bien essentiel de remarquer que tous les mots cités dans ce Mémoire comme appartenant exclusivement à l'arabe vulgaire ne sont pas seulement employés par les indigènes sans instruction, mais que les plus instruits et les plus savants s'en servent habituellement dans la conversation.

de racines arabes littérales détournées de leur signification primitive et donnant lieu à des dérivés, ou de mots étrangers donnant lieu aussi à des dérivés.

La troisième renfermera les mots usités offrant des significations usitées seulement dans la langue vulgaire, ayant même origine que ceux de la seconde série, mais ne donnant lieu généralement à aucun dérivé.

La raison de la division que nous venons d'indiquer est la suivante : La première série fera voir qu'un mot, tout en appartenant à la fois à l'arabe littéral et à l'arabe vulgaire, ou à l'arabe littéral seulement, peut, à l'aide des formes et des dérivés, produire plusieurs mots qu'on ne trouve jamais employés dans les auteurs ; la seconde série fera voir qu'une racine détournée de la signification qu'elle a en arabe littéral engendre aussitôt plusieurs dérivés et formes de verbes dont les significations sont calquées sur celles qu'on a attribuées à la racine détournée de son sens primitif. Elle montrera encore qu'un mot étranger introduit en arabe se multiplie en quelque sorte à l'aide des formes et des dérivés qui découlent de ce nouveau mot considéré comme racine. On verra enfin, à l'aide de la troisième série, qu'outre ces causes si puissantes pour l'introduction de mots nouveaux, et qui découlent de la nature même de la langue arabe, il est encore une autre cause d'introduction commune à toutes les langues et qui consiste à détourner de sa signification primitive un mot considéré isolément, ou à recevoir des mots étrangers sans leur donner aucun dérivé.

Si nos séries offrent bien le caractère que nous venons d'indiquer, si l'on observe en outre que la langue employée dans les auteurs est fixée depuis plusieurs siècles, et qu'il n'est, pour ainsi dire, aucun peuple qui ne reçoive, ou des mots étrangers dans sa langue, ou ne détourne quelques-uns de ceux qu'il possède déjà de leurs significations primitives, ces nouveaux mots produisant souvent une grande quantité d'autres mots, ainsi que l'auront prouvé nos séries au moyen des racines et des dérivés, on sera obligé de conclure que non-seulement en Algérie, mais partout où on parle la langue arabe, il doit à côté de la langue écrite exister une autre langue que l'on peut appeler langue vulgaire (1). Cette langue n'est jamais employée dans les écrits par la raison fort simple qu'elle se diversifie suivant les localités que l'on considère; mais elle n'en est pas moins nécessaire pour celui qui veut en parlant se faire comprendre et être compris (2).

---

(1) On pouvait même à priori, c'est-à-dire sans l'observation d'aucun fait, être à peu près certain qu'il existait un arabe vulgaire. Dès l'instant, en effet, où la langue d'un peuple est formée à l'aide de racines et de dérivés enchaînés l'un à l'autre, il est clair que l'introduction d'un nouveau mot ou d'une signification nouvelle doit la plupart du temps y introduire une série de nouveaux mots ou de significations nouvelles. Les modifications dans la signification primitive d'un mot ont lieu d'ailleurs chez tous les peuples, mais plus encore, toutes choses égales d'ailleurs, quand celui-ci est enclin naturellement à employer les figures et les métaphores.

(2) Remarquons toutefois que cette langue vulgaire doit être d'autant moins développée, que le peuple qui l'a formée a eu moins de contact avec les étrangers et qu'il a été soumis à un moins grand nombre de bouleversements. Il est possible que sur certains points isolés ce développement de la langue vulgaire ait été à peu près nul; mais le principe de ce développement n'en existe pas moins. Qu'il survienne une occasion favorable, on verra la langue vulgaire croître et se développer, comme cela a eu lieu dans le nord de l'Afrique.

PREMIÈRE SÉRIE.

MOTS USITÉS SEULEMENT QUANT A LEUR SIGNIFICATION DANS LA LANGUE VULGAIRE ET DÉRIVÉS D'AUTRES MOTS APPARTENANT A LA FOIS A L'ARABE LITTÉRAL ET A L'ARABE VULGAIRE, OU A L'ARABE LITTÉRAL SEULEMENT (1).

بحر MER (*ar. litt. et vulg.*).

بحّر 1. Faire jeter à la mer *une femme adultère, le bey, le sultan*. 2. Oter *de devant quelqu'un un objet* dont la vue blesse ou offusque. 3. Être fortement agitée, *la mer*. 4. Débiter *à quelqu'un* un long discours en parlant à voix haute et forte. Ex.: 1. السلطان بحّر لامراة الّى زنات Le sultan a fait jeter à la mer la femme qui a commis un adultère. 2. بحّر هذه الحاجة من قدّامى Otez cet objet de devant moi. 3. بحّر علينا بحر كبير برّاف Nous avons eu une violente tempête. 4. قلت له كلمة وبدا بحّر علىّ Je ne lui ai dit qu'une parole, mais il a commencé à me débiter un long discours en parlant à voix haute et forte.

مبحّر, *fém.* ة, *pl. com.* ين 1. Jeté à la mer, *un individu* (terme de malédiction). 2. Avarié par l'eau de mer, *un objet*. Ex. : 1. من راه مبحّر Puisse tout le monde le voir jeté à la mer! 2. السلعة الّى جاتنى من مرسيلية الكلّ مبحّرة La marchandise qui m'est venue de Marseille a été toute entière avariée par l'eau de mer.

بحيرة POTAGER (*ar. litt. et vulg.*).

بحّر Travailler pour arranger *un jardin potager, un carré de légumes*.

بحّار, *pl.* ين Maraîcher, celui qui soigne un jardin potager. Ex. : البحّار يبحّر فى البحيرة Le maraîcher travaille dans le potager.

---

(1) Les mots arabes écrits en petits caractères sont ceux qui n'appartiennent qu'à l'arabe vulgaire.

بحّارة Revendeuse de légumes ; *quelquef.* femme du maraîcher.

مبحّر, *fém.* ة, *pl. com.* ين Mis en légumes, converti en potager, *un jardin*. Ex. : الجنان كامل مبحّر Tout le jardin a été mis en légumes.

بدع INVENTER (*ar. litt. et vulg.*).

بدعى, *fém.* ة, *pl. com.* ين Tartufe, hypocrite, faux dévot. Ex. : هذا الرجل بدعى فى النهار ما يطيح شى التسبيح من يدّه وفى الليل يبات يسكر Cet homme est un hypocrite : pendant le jour le chapelet ne lui tombe pas des mains, mais la nuit il la passe à se griser.

بردعة BAT (*ar. litt. et vulg.*).

بردع, *n. a.* تبرديع Bâter, *un mulet, une bête de somme*.

مبردع, *fém.* ة, *pl. com.* ين Bâté, *un mulet, un cheval*, etc. Ex. : بردعت الزوايل الكلّ ما زالوا من غير زوج بغلات ما شى مبردعين (1) J'ai mis le bât sur toutes les bêtes de somme ; il ne reste plus que deux mules à bâter.

براقة, *ar. litt.* ابرق (2), CORDE GROSSIÈRE QU'EMPLOIENT LES BISCRIS D'ALGER AFIN DE POUVOIR LIER ET PORTER ENSEMBLE LES CAISSES ET LES LOURDS FARDEAUX A L'AIDE DE LONGUES BARRES EN BOIS PASSÉES DANS CETTE MÊME CORDE.

تبرّق Lier, *des malles, des caisses*, etc., avec la corde nommée براقة.

مبرّق Lié avec la corde nommée براقة, *un fardeau, une caisse*. Ex. : غاول تبرّق السندوق باش ترفدوه — راه مبرّق اذا تحبّ نبداوا نتمشاوا Hâtez-vous de lier cette caisse afin de pouvoir la transporter. — Elle est prête ; quand vous voudrez, nous partirons.

برك S'AGENOUILLER. III. BÉNIR (*ar. litt. et vulg.*).

برك S'écrouler, *une maison*. Ex. : من قوّة الريح بركت الدار La maison s'est

---

(1) En arabe vulgaire, sauf quelques exceptions, les participes forment au masculin et au féminin le pluriel en ين.

(2) J'ai pensé que براقة venait peut-être de ابرق *funis bicolor*.

écroulée par suite des grands vents. II. Faire écrouler *un mur, une maison, le vent, la pluie.*

بارك, *fém.* ة, *pl. com.* ين Écroulé, *un mur, une maison ;* ne sortant pas, restant toujours enfermé, *un individu.* Ex. : الدار الى حبيت تشريها راهى باركة فى القاعة La maison que vous vouliez acheter s'est écroulée. — فلان يطل بارك فى الدار Un tel reste toujours enfermé chez lui.

بركة Assez.

بركا Suffire, cesser de faire *une chose,* d'apprendre *un art, un métier.* Ex. : بركاك من هذا اللعب — راني بركيت Cessez de jouer ainsi. — Je cesse à l'instant.

بروك Ce qu'une personne offre à ses amis et connaissances après le succès d'une affaire, l'obtention d'une place, etc. : *le plus souvent c'est une tasse de café, quelquef. un petit repas, un cadeau.* Ex. : رجعت بريڤادى عند السپاحية اعمل لنا البروك Tu as été nommé brigadier de spahis, qu'est-ce que tu nous payes? — ربحت فى هذه الدّعوة اعطينا البروك Vous avez réussi dans cette affaire, offrez-nous quelque chose.

بزق CRACHER (*ar. litt. et vulg.*).

بزق 1. Suinter, *un mur.* 2. Sortir *de la présence de quelqu'un ;* s'éclipser, disparaître afin de ne pas être vu par quelqu'un. Ex. : 1. هذا الحيط يبزق بالندى Ce mur suinte quand il fait humide. 2. ابزق من قدّامى Sortez de ma présence! — فلان كان واقف كيف شافنى بزق من قدّامى Un tel était debout, quand il m'a vu, il s'est éclipsé.

بسط ÉTALER *et* RÉJOUIR (*ar. litt. et vulg.*).

بسطة Partie de plaisir, fête offerte à des amis. Ex. : نطلعوا للجنان ونعملوا واحد البسطة Nous monterons au jardin pour y faire une partie de plaisir. — دامت البسطة ثلاث ايام La fête a duré trois jours.

بعج ÉVENTRER (*ar. litt. et vulg.*).

انبعج Contracter une hernie. Ex. : فلان رفد حاجة ثقيلة وانبعج Un tel a contracté une hernie en portant un lourd fardeau.

مبعوج Atteint d'une hernie.

بواسر HÉMORRHOÏDES (*ar. litt. et vulg.*) (1).

بوسر, *n. a.* تبوسير Donner les hémorrhoïdes. Ex. : القاعة باردة تبوسر ما نقدر شى نقعد عليها Un sol frais donne les hémorrhoïdes, je ne puis m'asseoir ici.

مبوسر, *fém.* ة, *pl. com.* ين Ayant les hémorrhoïdes.

بشماط BISCUIT, PAIN EN FORME DE GALETTE AUQUEL ON A DONNÉ DEUX CUISSONS POUR LE FAIRE DURCIR (*ar. litt. et vulg.*).

بشمط, *n. a.* تبشميط Faire cuire *le biscuit* pour la seconde fois, *par extens.* faire bien cuire *le pain*. Ex. : الخبّاز راه مشغول يبشمط فى البشماط Le boulanger donne en ce moment la seconde cuisson aux biscuits. — نحبّ تبشمط لى فى هذا الخبز Je veux que vous fassiez bien cuire ce pain.

تبشميط. Cuisson du biscuit. Ex. : قدّاش تاخذ حق التبشميط Combien prendrez-vous pour la cuisson de ce biscuit?

مبشمط Cuit pour la seconde fois, *le biscuit* ; bien cuit, *le pain*, *le biscuit*. Ex. : هذا الخبز مبشمط Ce pain est bien cuit.

بطيط MENDACIUM (*ar. litt.*).

بطّط, *n. a.* بطّة Calomnier *une personne*, *lui* attribuer faussement et à dessein *un fait, un acte quelconque*. Ex. : بركة ما تبطّط شى للفلان الحاجة الفلانية Cessez d'attribuer à un tel un fait dont il n'est pas l'auteur.

بطيخ MELON (*ar. litt. et vulg.*) (2).

تبطّخ Être mûres, les figues de Barbarie, *considérées en général ou dans une portion de l'espèce* (3). — *n. a.* تبطيخة Tomber lourdement *sur le sol*, *une personne*. Ex. : كرموس النصارى تبطّخ Les figues de Barbarie sont mûres. — هذا الرجل تبطّخ واحدة التبطيخة فى القاعة Cet homme s'est laissé tomber lourdement sur le sol.

---

(1) En arabe littéral, بواسير.

(2) A Alger on prononce ce mot comme s'il était écrit par un ت.

(3) Cette expression est tirée par comparaison de la couleur des figues mûres comparée à celle du melon mûr.

مبطّخة Bien mûres, *les figues de Barbarie*. Ex. : كرموس النصارى عندى فى الجنان هى مبطّخة ما عندى شى من يلقطها Les figues de Barbarie que j'ai dans mon jardin sont déjà bien mûres, et je n'ai personne pour les cueillir.

بطل MANQUER, NE PAS RÉUSSIR, *une affaire* (*ar. litt. et vulg.*).

بطالة Inexactitude. Ex. : بركة من هذه البطالة اجى كل يوم فى الوقت المعلوم Ne soyez plus ainsi inexact; venez maintenant tous les jours à l'heure juste.

تبطيل Inexactitude (*syn. du précéd.*); petite boule destinée à détruire les enchantements de la magie (1). Ex. : انتا راك مسحور لازم تبخر بالفاسوخ والتبطيل On vous a jeté un sort, il faut pour le conjurer faire brûler des *fasoukr* et des *tebetil*.

بطن VENTRE (*ar. litt. et vulg.*).

بطّن Doubler, *un habit, une porte à la façon des Maures* (2); clouer des bordages sur la membrure d'un navire. Ex.: المسترداش بطّن هذا المركب Le charpentier a posé les bordages de ce navire.

بطان Ensemble des bordages d'un navire. Ex.: شُف هذا المركب بطانه كلّه بالنحس Voyez ce navire qui entre dans le port, tout son bordage est doublé en cuivre.

تبطين Ensemble des bordages d'un navire. Ex. : هذا التبطين ما شى مخدوم بالطبع Les bordages de ce navire n'ont pas été bien placés.

تبغدد ÊTRE SEMBLABLE AUX HABITANTS DE BAGDAD (*ar. litt.*).

تبغدد, *n. a.* تبغديد Chercher querelle *à quelqu'un, av.* على; plaisanter, badiner avec une femme, *son amant ou un étranger, av.* على. Ex. : بدا تبغدد عليه باش يضربه Il a commencé à lui chercher querelle pour avoir occasion de le frapper. — علاش تبغدد على خوك Pourquoi chercher querelle à ton frère? — علاش تبغدد على هذه الامراة Pourquoi badinez-vous avec cette femme?

تبغديد Action de chercher querelle à quelqu'un; action de badiner avec une

---

(1) Cette boule, que l'on doit jeter dans le feu, contenait autrefois plusieurs substances aromatiques réunies au moyen de la terre glaise. Aujourd'hui elle ne contient le plus souvent que de la terre glaise.

(2) Mot à mot, faire un ventre à un habit, à une porte, etc.

femme. **Ex.** : بطّل من هذا التبغديد *ou* بركة من هذا التبغديد Cessez de chercher querelle ainsi, *ou* cessez de badiner ainsi (1).

بغل MULET (*ar. litt. et vulg.*).

تبغّل Devenir fort et gros; devenir bête, imbécile. **Ex.**: فلان كان ضعيف اليوم تبغّل Un tel était maigre, aujourd'hui il est devenu gros et fort. — عام الاول كان (2) راسه خفيف وهذا العام بدا يتبغل L'an dernier il comprenait facilement, cette année il commence à devenir imbécile.

بغيلة Sorte de métier avec lequel les Maures font la ganse. **Ex.** : اعطيني البغيلة نحبّ نخدم القيطان Donnez-moi le métier, je veux faire de la ganse.

بقبق FAIRE DU BRUIT EN SORTANT D'UN GOULOT ÉTROIT, *un liquide* (*ar. litt. et vulg.*).

بقباقة Gargoulette.

تبقبيق Bruit causé par un liquide sortant d'un goulot étroit. **Ex.** : راني نسمع تبقبيق الماء J'entends le bruit de l'eau qui sort d'un goulot étroit. ***On dit d'un poltron :*** يخاف من تبقبيق البوقال.

بقر BŒUF (*ar. litt. et vulg.*).

بقّر Mettre à quia *quelqu'un* que l'on interroge; reprendre quelqu'un sur sa manière de faire ou d'agir quand on le surpasse en habileté, en savoir, en adresse. **Ex.** : هذا الحرف ما واسيته شي مليح نعرف نكتب خير منّك — ما تقدر شي تبقّرني Tu n'as pas bien fait cette lettre. — Je sais mieux écrire que toi. — Tu n'as rien à m'enseigner à cet égard. V. تبقّر Demeurer court, *quelqu'un* qui est interrogé. **Ex.** : قال شيخ المسيد للولد هذه الكلمة ثابتة والّا محدوفة تبقّر الولد ما قدر شي يجاوب Le maître a dit à l'enfant ce mot : Est-il *tabet* ou *mahdouf?* L'enfant est demeuré court et n'a pu répondre.

---

(1) Il est bon de remarquer ici que cette tournure de phrase بطّل من ou بركة من peut s'employer avec tous les noms d'action, et que souvent aussi c'est la seule que l'usage autorise, si l'on en excepte toutefois les tournures dans lesquelles le nom d'action est employé comme corroboratif du verbe.

(2) L'article qui devrait précéder le mot عام se supprime dans la conversation.

بلاد VILLE (*ar. litt. et vulg.*) (1).

تبلّد Se civiliser, prendre l'air, le maintien, les mœurs, les coutumes des habitants de la ville, *un montagnard, un Kabyle*. Ex. : هذا القبايلى بدا يتبلّد Ce Kabyle commence à prendre les usages et les coutumes des Maures.

بلوط GLAND (*ar. litt. et vulg.*).

بلّط 1. Donner des boutons de fleur, *une plante, un arbuste*. 2. Regarder avec étonnement, regarder effrontément (2). Ex.: 1. هذه شجرة الورد بدات يبلّط يمكن يومايين وتفتّح Ce rosier a déjà donné des boutons; dans deux jours peut-être il va fleurir. 2. يبلّط من حنوت الى حنوت Il promène ses regards étonnés de boutique en boutique. — كيف نبخصك حط عينك فى القاعة ما تبلط شى فيّ Quand je vous gronde, baissez les yeux, ne me regardez pas comme un effronté. III. بالط, *n. a.* مبالطة Donner un démenti, nier effrontément (3). Ex.: قلت له هذه الحاجة بالطنى فيها قدّام الناس Je lui ai dit cela, mais il m'en a donné le démenti devant tout le monde. — عطيت له الكتاب فى يدّه وبالطنى Je lui ai remis le livre entre les mains, mais il soutient effrontément que je ne le lui ai pas donné.

بلّوط, *pl.* بلاليط Bouton de fleur, coque de vers à soie.

بوّب DIVISER UN LIVRE EN CHAPITRES (*ar. litt. et vulg.*).

بوّب Apprécier *la quantité d'objets divers* qu'on peut fabriquer avec une étoffe donnée; examiner si une étendue de terrain donnée suffit à la grandeur d'une construction qu'on veut élever. Ex. : بوّب هذا القماش قدّاش من قميجة فيها Voyez combien on peut faire de chemises avec cette étoffe. — نحبّ نبنى دار فيها ثلث بيوت وكل بيت فيها ثلث مترات بوّب لى الارض يكفى والّى ما يكفى شى Je veux construire une maison avec trois chambres au rez-de-chaus-

---

(1) En arabe littéral c'est بلد.

(2) Cette expression vient, au dire des Arabes, de ce que les yeux semblent presque sortir de leur orbite et former une proéminence lorsqu'on regarde quelqu'un avec étonnement ou qu'on le fixe effrontément.

(3) Cette expression découle naturellement de la précédente, car celui qui donne un démenti à un autre cherche naturellement à le regarder en face.

sée. Chacune de ces chambres doit avoir dix mètres de long. Prenez la mesure du terrain pour voir s'il suffira.

بات PASSER LA NUIT (*ar. litt. et vulg.*).

بيّت Éteindre, *la bougie, le feu*. Ex. : بيّت الشمعة والنار Éteins la bougie et le feu.

بيت CHAMBRE (*ar. litt. et vulg.*).

بيّت Faire de petits trous dans la terre pour y placer *les pois, fèves ou autres graines que l'on sème*. Ex. : بيّت هذه البحيرة باش نغرس البطاطا Faites de petits trous dans ce carré pour y mettre des pommes de terre.

DEUXIÈME SERIE.

MOTS USITÉS SEULEMENT (QUANT A LEUR SIGNIFICATION AU MOINS) DANS LA LANGUE VULGAIRE ET PROVENANT, OU DE RACINES ARABES DÉTOURNÉES DE LEUR SIGNIFICATION PRIMITIVE ET DONNANT LIEU A DES DÉRIVÉS, OU DE MOTS ÉTRANGERS DONNANT LIEU AUSSI A DES DÉRIVÉS.

بتر, *n. a.* بترة Abandonner, laisser de côté, *une affaire, une manière d'agir, de faire*, etc.; abandonner, laisser sans soins, *un jardin, des fleurs, des arbres, r. d.* Ex. : أبتر هذه الدعوة Abandonnez cette affaire. — نبتر هذا الكلام Je ne parlerai plus ainsi. — بترت هذا الجنان بترة كبيرة J'ai laissé ce jardin dans un grand abandon. VII. انبتر Être abandonné, laissé de côté, *un métier, une profession, une affaire, une coutume*, etc.; être abandonné, laissé sans soins, *un jardin, des fleurs, des arbres*. Ex. : هذه الصنعة انبترت On n'exerce plus cette profession aujourd'hui.

مبتور, *fém.* ة, *pl. com.* ين Abandonnée, laissée de côté, *une affaire, une manière d'être, d'agir, de faire*, etc.; abandonné, laissé sans soins, *un jardin, des fleurs, des arbres*. Ex. : هذه الدعوة قدّاش وهنى مبتورة واليوم حيات Combien de temps n'a-t-on pas laissé de côté cette affaire, et voilà qu'aujourd'hui on l'a remise sur le tapis!

بچّچ, *n. a.* تبچيچ Hacher *la viande* par petits morceaux, sans cependant la hacher très-menue (1). Ex. : بچّچ هذا اللحم طريّف طريّف Coupez cette viande en petits morceaux. *On dit de quelqu'un qui s'amuse à dire des riens, à calomnier ou à médire :* يقطّع ويبچّچ. Ex. : أش راه يقول فلان — يقطّع ويبچّچ Que dit un tel?

---

(1) S'il s'agit de hacher la viande très-mince, employez كفّت.

Il s'amuse à dire des riens. — علاش دايم تقطّع وتبجّج فى هذا الرجل Pourquoi dites-vous toujours du mal de cet homme ?

مبجّج, *fém.* ة, *pl. com.* ين Hachée en morceaux, *la viande. Un homme irrité contre un autre dit quelquefois :* من راه مقطّع ومبجّج (1) Puissent tous les hommes te voir coupé et haché en morceaux !

بحبح, *n. a.* تبحبيح Enrouer, *r. d.* Ex. : البرد بحبحنى Le froid m'a enroué. II. تبحبح Devenir enroué. Ex. : تبحبحت من البرد Je me suis enroué par suite du froid.

بحباح, *fém.* ة, *pl. non usité,* Enroué.

مبحبح, *fém.* ة, *pl. com.* ين Enroué. Ex. : هذوا النسا مبحبحين Ces femmes sont enrouées.

بخّ, *n. a.* بخّان Rejeter comme une pluie très-fine l'eau qu'il a mise dans sa bouche, *un tailleur ;* tomber très-fine, *la pluie ;* asperger; arroser avec un arrosoir à pomme, *r. d.* Ex. : يبخّ الخيّاط الحوايج باش يحدّدهم Le tailleur rejette avec sa bouche de l'eau sur les effets avant d'y passer le fer. — الشتا بدات تبخّ *ou, par idiotisme,* بخّ الورد La pluie commence à tomber très-fine. — ابخّ القاعة واكنس Arrose et balaye ensuite. — اعطينى المرش نبخّ الجنينة Donnez-moi l'arrosoir pour arroser le jardinet.

بخاخة *masc. et fém., pl. com.* بخاخات Mou, lâche, fainéant (*travaux manuels*). Ex. : انتا بخاخة ما تقدر شى ترفد هذه الحاجة Que vous êtes mou de ne pouvoir enlever ce fardeau ! — هذا الخديم بخاخة Ce domestique n'est qu'un fainéant.

مبخوخ, *fém.* ة, *pl. com.* ين Arrosé par une petite pluie; couvert *de rosée.* Ex. : القاعة صبحت مبخوخة Le sol est ce matin mouillé par une petite pluie. — الورد مبخوخ بالندى Les roses sont couvertes de rosée.

بخص, *n. a.* بخصة Gronder, rebuter, rudoyer *quelqu'un.* Ex. : شيخ المسيد بخص الولد ومن بعد ضربه Le maître d'école a grondé l'enfant et ensuite l'a frappé.

(1) Prononcez *metrah'*, et non *men rah'*; de même dans l'expression analogue من راه مبجّم citée p. 5.

علاش بخصت هذا الفاقير قل له الله يفتح Pourquoi as-tu rudoyé ce pauvre? — Il faut lui dire : Que Dieu te comble de biens! VII. انبخص — ينبخص Être grondé, rudoyé. — Avoir honte, être honteux, confus de la conduite *d'un frère, d'un enfant, d'un ami*, etc., devant une autre personne, من *pers.* Ex. : هذا الولد انبخص البارح فى المسيد Cet enfant a été grondé hier à l'école. — فلان صبته يعمل الحاجة الفلانية كيف شافنى انبخص J'ai trouvé un tel qui faisait telle chose; en me voyant il a eu honte. — البارح انبخصت من فلان على خاطر وليدى كان يشيطن عنده Hier j'étais tout honteux chez un tel des sottises et des méchancetés de mon enfant.

بخصة *subst. fém.*, *pl.* بخصات Réprimande, gronderie, rebuffade; honte causée à une personne par la grossièreté d'un frère, d'un enfant, d'un ami, etc. Ex. : بخصته زوج بخصات Je l'ai grondé deux fois. — للعاقل تكفى البخصة Pour l'homme intelligent une réprimande suffit. — وليدى بخشانته عمل لى بخصة مع الناس Mon enfant par sa grossièreté m'a fait honte devant les autres. *On prête aux gens de Biskara le proverbe suivant :* اخطينى من تعلاقة والبخصة انا دارى بها Retire-moi de la potence, *c'est bien;* pour les reproches, ils me touchent peu.

مبخوص, *fém.* ة, *pl. com.* ين Grondé, rebuté, rudoyé. Ex. : فلان كل يوم وهو مبخوص فى المسيد Un tel est tous les jours grondé à l'école.

بربر Chanter pour endormir les enfants, *par extens.* bercer les enfants en chantant. Ex. : هى تخيط وتبربر فى وليدها Elle coud en même temps qu'elle chante pour endormir son enfant. — تبربر فيه يماه واذا بطلت يدها من المهد يبكى Sa mère le berce en chantant, mais que sa main vienne à abandonner un instant le berceau, il se met à pleurer. II. تبربر Se corrompre, s'altérer, *la langue arabe* (1). Ex. : العرب تبربر لسانهم La langue arabe s'est corrompue.

تبربير Chant destiné à endormir les enfants; corruption de la langue arabe. Ex. : هذا الولد موالف بالتبربير والهزان اذا ما ينهز شى ما يرقد شى Cet enfant est habitué à ce qu'on chante en même temps qu'on le berce pour l'endormir; si l'on ne fait que chanter, il ne dort pas. — لازم ما تبطل شى فومك من التبربير

(1) On doit faire sentir le ر avec plus de force dans تبربر et ses dérivés que dans بربر et ses dérivés.

Ne cessez pas de chanter pour endormir l'enfant. — سباب تبربير اللسان هكذا وهكذا Les causes de la corruption de la langue arabe sont telles et telles.

مبربر, *fém.* ة, *pl. com.* ين Assis sur un banc ou sur une chaise et prenant ses aises comme un homme mal élevé, *un individu*. Ex. : سقم روحك راك مبربر فوق البانك وراك ضيقت على الناس Serrez-vous un peu, vous prenez vos aises sur ce banc, et vous gênez tout le monde.

بربش 1. Laisser des marques, *la petite-vérole;* faire des griffonnages; dessiner grossièrement, *sur un mur, une table*, etc. 2. Chercher à savoir, à connaître (*peu usité dans ce dernier sens*). Ex. : الجدري بربشه Il est marqué de la petite-vérole. — بركة ما تبربش اكتب Cessez de faire des griffonnages, écrivez. *On dit de quelqu'un qui écrit mal :* غير يبربش كيف الدجاج (1). — علاش تبربش في الحيط Pourquoi vous amusez-vous à faire des dessins sur le mur? 2. *On dit d'un homme qui s'informe de tout :* يبربش على البشنة وعلى من زرعها Il cherche où est le sorgho et quel est celui qui l'a planté. *On emploie encore* بربش *dans le proverbe suivant :* الي يعمل روحه نخالة يبربشه الدجاج Celui qui se fait son se fait becqueter par les poules. *Ce proverbe s'emploie quand quelqu'un ayant fréquenté quelque personne grossière en a éprouvé quelque désagrément.* II. تبربش Être marqué *de la petite-vérole, le visage*. Ex. : وجهه تبربش بالجدري Son visage est marqué de la petite-vérole.

بربوش, *fém.* ة, *pl.* برابش Marqué de la petite-vérole. *Le fém. est quelquefois employé pour les deux genres.*

مبربش, *fém.* ة, *pl. com.* ين Marqué de la petite-vérole; griffonnée, *une écriture;* non unie, remplie d'aspérités ou de trous, *une surface quelconque*. Ex. : فلان وجهه مبربش Un tel est marqué de petite-vérole. — هذه الكتيبة مبربشة Cette écriture est griffonnée. — هذا الحيط مبربش بالمسامر Ce mur est tout rempli de trous par suite des clous qu'on y a enfoncés. — هذه الطابلة مبربشة ما نقدر شي نمحر فوقها الكاغط Cette table n'est pas unie, je ne saurais m'en servir pour glacer le papier.

بربط — يبربط, *n. a.* تبربيط Répandre *de l'eau ou un liquide quelconque*, et par suite salir l'endroit où le liquide est répandu; couvrir *de boue, av.* ب, *eau, liquide,*

---

(1) On emploie aussi خربش pour dire *griffonner*.

[illegible] Ex. : كيف غسل وجهه بربط الدنيا كاملة En lavant sa figure, il a répandu de l'eau partout. — اش كون بربط هذا المضرب بالشراب Qui a répandu du vin en cet endroit? — الشتا بربطت وسط الدار La pluie en tombant a sali la cour. — الصغار بربطوا الدرجة بالغرقة Les enfants ont couvert de boue la marche de l'escalier.

[illegible] État d'un endroit encore humide et qui a été sali par le liquide que l'on a répandu. Ex. : اش كون عمل هذا التبربيط Qui a sali cet endroit en y répandant un liquide?

[illegible], *fém.* ة, *pl. com.* ين Mouillé et sali *par l'eau ou un liquide quelconque, un lieu, une place*; couvert de boue, *un lieu, un endroit; fig.* rendue flasque par la *chaleur, une personne*. Ex. : انشف هذا المضرب الي مبربط Épongez cet endroit que l'on a sali en y répandant de l'eau *ou tout autre liquide*. — الزنقة مبربطة بالغرقة La rue est toute couverte de boue. *On peut dire, mais par extens.* تبكن الطريق مبربطة بالغرقة والعود يحصل فيها La route est toute remplie de boue, et le cheval s'y embourbera. — راني مبربط بالسخانة Je suis devenu flasque par suite de la chaleur.

[illegible] *a.* تبريج Contourner en spirale, *des cierges, des chandelles*, à la manière des Maures; couper en tranches ou diviser en quartiers, *une pastèque, un melon, quelquef. une orange, et généralement l'un des fruits dans lesquels il existe des divisions naturelles*. Ex. : برج الشمعة تبريج مليح Il a bien contourné cette chandelle. — برج البطيخ Coupe le melon en tranches.

برج, *pl.* ابراج *subst. masc.* Tranche de melon; quartier d'orange, *et généralement* tranche ou quartier de bien des fruits indiqués plus haut. Ex. : هذه التشينة قداش من برج فيها Combien cette orange a-t-elle de quartiers (1)?

بريج, *pl.* بريجات Petit quartier d'orange, petite tranche de melon, *et généralement* petite tranche ou quartier de l'un des fruits dans lesquels il existe des divisions naturelles.

مبرج, *fém.* ة, *pl. com.* ين Contourné en spirale à la manière des Maures, *un cierge, une chandelle*.

---

(1) برج s'emploie encore, comme en arabe littéral, pour désigner un fort ou l'une des douze constellations zodiacales.

عمامة مبرّجة Turban enroulé avec des plis très-serrés et croisés d'une certaine façon (1).

عرصة مبرّجة Colonne torse.

برّح, *n. a.* تبريح Crier, publier, *un crieur public* (2). Ex. : برّح لي اش كون جبر لي حاجتي نعطي له البشارة Criez que celui qui a trouvé l'objet que j'ai perdu, je lui donnerai une récompense.

البارح Hier. — اوّل البارح Avant-hier.

برّاح, *pl.* ين Crieur public. Ex. : البرّاح عند الفرانسيس يسبق يضرب الطرمبيطة كيف يجمعوا الناس عليه يبدا يبرّح Le crieur public chez les Français commence par sonner de la trompette ; quand tout le monde s'est attroupé autour de lui, c'est alors qu'il fait sa publication.

تبريح *sing. masc.* Annonce par crieur ; publication d'un ordre par crieur. Ex. : مع الصباح سمعت التبريح علي تنقية البلاد Ce matin j'ai entendu publier un ordre relatif à la propreté de la ville.

برغز, *n. a.* تبرغيز Faire ses efforts *pour...*; chercher à connaître *l'auteur d'un fait*, *av.* علي; faire des démarches *pour quelqu'un*, *av.* ل *pers.* Ex. : راه يتبرغز علي مال فلان يحصّل بيده Il fait tous ses efforts pour accaparer le bien d'un tel. — راني نبرغز علي اش كون عمل هذه الحاجة Je cherche à savoir qui a fait cela. — برغز لي ندخل في الخدمة الفلانية Faites des démarches pour moi, j'obtiendrai telle place.

برم, *n. a.* برمة Ourler, *r. d. ou* في ; châtrer *un taureau*, *un bélier*, en tordant et comprimant les testicules, *r. d.* ; filer *la soie*, *r. d.* (3). Ex. : راه يبرم المحرمة ou راه يبرم في المحرمة Il ourle le mouchoir. — نحبّ نبرم هذا العجمي باش نحرث به العام الجاي Je veux châtrer ce taureau pour labourer avec lui l'an pro-

(1) On voit des turbans enroulés de cette manière sur quelques-unes des statues du musée d'Alger.

(2) برّح signifie aussi, comme en arabe littéral, *crier, publier ce que quelqu'un a fait.*

(3) برم, outre les sens que j'indique ici, en a encore en arabe vulgaire plusieurs autres qui lui sont communs avec l'arabe littéral.

chain. VII. انبرم Être châtré, *un taureau, un bélier*; être ourlé, *un mouchoir, une étoffe, etc.*; être filée, *la soie*.

بومة *subst. fém., pl.* ات Ourlet; action de filer la soie une première fois. Ex. : هذه البومة ما شي مبرومة مليح Cet ourlet n'est pas bien fait.

بريم, *pl.* برايم Anneau que l'on passe au doigt, bague.

بريمة, *pl.* ات Corde en poil de chameau dont les Arabes ceignent leur tête.

بريـيّم, *pl.* بريـيّمات Petit anneau, petite bague.

مبروم, *fém.* ة, *pl. com.* ين Ourlé, *un mouchoir*; châtré, *un taureau, un bélier*; filée, *la soie, le coton*.

برنن, *n. a.* تبرنين Percer avec une vrille. Ex. : برنن اللوحة Faites un trou de vrille dans la planche.

برنينة, *pl.* برانن Vrille; mine, *cavité pratiquée dans un roc pour le faire sauter*. Ex. : بعّد من ذاك الضرب صروك يطلقوا البرنينة Éloignez-vous de cet endroit, ils vont faire partir la mine.

تبرنين *subst. masc.* Action de percer un trou avec la vrille; trou de vrille. Ex. : هذا اللوح قاصح التبرنين فيه واعر Cette planche est dure, il est difficile de la percer avec la vrille. — غمّق فى التبرنين Approfondissez le trou de vrille.

مبرنن, *fém.* ة, *pl.* ين Percé avec une vrille.

بزينة *subst. fém.* Sorte de bouillie faite avec de la farine, du sucre, de l'eau et du beurre.

بزّن, *n. a.* تبزين Amollir *quelqu'un*, le rendre mou, flasque, *la débauche, l'usage du hachich*. Ex. : السخانة بزّنتنى La chaleur m'a rendu flasque.

مبزّن, *fém.* ة, *pl.* ين Mollasse, mou, sans vigueur, *un individu*. Ex. : انتا مبزّن ما تقدر شى تعمل هذه الحاجة Que vous êtes mou! Vous ne pouvez pas même faire cela.

بزّأ, *n. a.* تبزية Tourner *quelqu'un* en ridicule, se moquer *de lui*, *r.* ب. Ex. : بزّأنى Il m'a tourné en ridicule.

تبزية *subst. fém.* Moquerie, plaisanterie déplacée. Ex. : بركانى من هذه تبزية Cessez de me tourner ainsi en ridicule. — يجاوبوا بالتبزية Ils répondent en se moquant.

بس Seulement. Ex. : ناخذ هذا بس Je ne prendrai que cela.

بسبس, *n. a.* تبسبيسة Faire pst pst.

تبسبيسة Action qui consiste à faire pst pst. Ex. : نسمع اش كون راه يبسبس رانى واحدة التبسبيسة Qui fait pst pst? J'entends faire ce bruit.

بسّل, *n. a.* بسالة *et* تبسيل Ennuyer *quelqu'un, av.* على *pers.* Ex. : بسّل على حتى ضاق خاطرى منه Il m'a ennuyé au point de me mettre de mauvaise humeur. IX. ابسال Devenir ennuyeux, *une personne, une conversation, une nourriture trop souvent présentée, etc.* Ex. : كان بكرى يحبوه الناس وضروك بسال Autrefois il plaisait à tout le monde, aujourd'hui chacun le trouve assommant. — بسالت هذه القجمة Cette conversation est devenue ennuyeuse. — بسالت لى هذه الماكلة Je suis ennuyé de cette nourriture (1).

باسل, *fém.* ة, *pl. com.* ين Ennuyeux, *un individu, une conversation, etc.*; vilain, laid, désagréable à la vue, *un objet*; contraire aux usages et à la politesse, *une action.* Ex. : هذا الرجل باسل على الناس Cet homme ennuie tout le monde. — هذه الماكلة رجعت لى باسلة Je suis ennuyé de cette nourriture. — هذه الحاجة باسلة لازم تواسى فى مطرها حاجة اخرة Cet objet est vilain, il faut le remplacer par un autre. — هذا الرجل كبير ما سلمت عليه عملت حاجة باسلة Cet homme occupe un rang distingué, vous ne l'avez pas salué (*c.-à-d. vous n'avez pas fait les compliments en usage chez les Maures*) ; ce n'est pas bien de votre part.

بشبش Suinter l'eau à travers *une roche, un mur.* Ex. : هذا الدار مندية الما يبشبش من الحيط Cette maison est humide, l'eau suinte à travers les murs.

تبشبيش *subst. masc.* Suintement de l'eau. Ex. : ما حبش شى يقطع تبشبيش من الحيط Le mur n'a pas cessé de suinter.

تبشقش, *n. a.* تبشقيش Empirer, *l'état des affaires, la position de fortune d'une personne.* Ex. : كل يوم يتبشقش حاله L'état de ses affaires devient chaque jour plus mauvais. *On dit de quelqu'un très-malheureux* : تبشقش حاله حتى صار ما يسخن ما يبرّد Il est devenu si misérable, qu'il ne peut ni faire chauffer ni faire refroidir quoi que ce soit.

(1) On ne doit pas faire sentir le techdid du ل dans la prononciation de بسال.

بشقاش, *fém.* ة, *pl.* بشاقش Étant dans un état de gêne et de misère, *une personne ; quelquef.* sordide, *avec le mot* قلب. Ex. : رجل بشقاش Homme dans un état de gêne et de misère. — فلان قلبه بشقاش Un tel a l'âme sordide. — علاش فلان ما عطاك شي هذه الحاجة — على خاطره مربي بشقاش Pourquoi un tel ne vous a-t-il pas donné cet objet? — C'est qu'il a été élevé dans la gêne et la misère. *On dit d'un avare rongé par les soucis :* فلان بشقاش ميت بالهم.

تبشقيش *subs. masc.* Manière d'agir d'un avare ou d'un ladre. Ex. : عمل حوايج ملاح بركة من هذا التبشقيش Portez donc des habits convenables, et ne vous conduisez pas comme un ladre.

مبشقش, *fém.* ة, *pl.* ين Misérable, gênée, *la position de fortune d'un individu.* Ex. : فلان خليته حاله مبشقش Un tel, je l'ai laissé dans un état de gêne et de misère.

بشكر, *n. a.* تبشكير Soustraire frauduleusement, *av.* ل *p.*; soutirer, se faire donner par adresse, obtenir par finesse, par importunité, *av.* من *pers.* Ex. : لو كان الخياط ما بشكر كي شي من الحرج كان يكفيني هذا النساخ ما Si le tailleur n'avait soustrait une portion de la passementerie, elle aurait bien certainement suffi. — يشري شي حتى حاجة من الي يستلزمه لي ما يحتاج يبشكره من عند اصحابه Ce copiste n'achète rien de ce dont il a besoin, ce qu'il lui faut, il le soutire à ses amis. — هذه المراة الي راه يعشق فيها بشكرت منه الدراهم بزاف Cette femme dont il s'est amouraché lui a soutiré beaucoup d'argent.

بشكير *subst. masc.*, *pl.* بشاكر Longue serviette de table qui passe sur les genoux de tous les convives. Ex. : امسح يديك في البشكير Essuyez vos mains à la serviette.

بصص, *n. a.* تبصصة Produire avec la bouche un son particulier qui marque un profond mépris pour la personne contre laquelle on le dirige, *quelquef., mais rarement,* ce même bruit se fait entre amis pour plaisanter, على *pers.* Ex. : علاش تضاربت مع فلان — على خاطر بصص علي Pourquoi vous êtes-vous battu avec un tel? — Parce que بصص علي.

بصيص, *fém.* ة, *pl.* بصاص Très-méchant, pervers, corrompu, *plus énerg. que* قبيح. انتا قبيح وبصيص Tu es méchant et pervers. Ex. : كانوا الذراري في ذاك الوقت قباح وبصاص Les enfants étaient alors méchants et corrompus.

بصاحبة *subst. fém.* Perversité, méchanceté. Ex. : فلان عنده البصاحة Un tel a le caractère méchant.

تبصبصة Bruit produit avec la bouche en signe d'injure et de mépris. Ex. : سمعت تبصبصة ما نعرف شي اش كون بصبصها J'ai entendu un bruit fait avec la bouche en signe de mépris, je ne sais qui l'a produit.

بعبع, *n. a.* تبعبيع Bêler. *On dit en plaisantant à un individu qui cherche à savoir quelque chose :* ما نقول لك شي حتى حاجة حتى تبعبع Je ne te dirai rien jusqu'à ce que tu fasses entendre un bêlement. *On dit encore :* قل بع نورى لك هذه الحاجة Dis *bâ*, je te montrerai cela.

تبعبيع, *n. un.* تبعبيعة, *pl. num.* ات Bêlement. Ex. : رانى نسمع التبعبيع J'entends bêler.

بقّط, *n. a.* تبقيط Coller, joindre, faire tenir *avec de la colle*, *r. d. et* في ; coller, appliquer un objet contre un autre, *r. d. et* في ; choquer, heurter *quelqu'un, av.* مع ; choquer, aborder, *un navire, un autre navire, r.* مع. Ex.: نمشي نبقط الكاغط في الحيط J'irai coller le papier sur le mur. *On dit au fig.* : بقط في هذا الحاجة Il m'a mis cela sur le dos. — بقط الكاغط مع الكاغط Collez les deux papiers ensemble. — هو بقط معي في الطريق Il s'est heurté contre moi dans la route. — هذا المركب بقط مع واحد الاخر وتكسر Ce navire s'est choqué contre un autre et s'est brisé. — هذا المركب بقط مع الفرقاطة باش يتكلم معها Ce navire a abordé la frégate afin que les capitaines des deux navires puissent se parler. V. تبقط, *aor.* يتبقط Être collé, se coller ; être collant ; se heurter, se choquer, *une personne contre une autre, av.* مع *pers.* ; se choquer, s'aborder, *deux navires, av.* مع. Ex. : قداش ملى تبقط هذا الكاغط Depuis combien de temps est collé ce papier? — بالك الباب اخضر ما زال يتبقط Prenez garde de vous tacher contre la porte, elle est nouvellement peinte, mot à mot, *elle est encore collante. Une personne qui transpire dit souvent :* لحمى الكل يتبقط بالعرق — انا واقف وجا واحد يتبقط معى J'étais debout, et voilà qu'un individu est venu se heurter contre moi.

مبقط, *fém.* ة, *pl. com.* ين Collé (joint avec de la colle), collé *à une chose, contre ou sur une chose.* Ex. : بقط الطابلة مع الحيط — راهى مبقطة Faites coller la table au mur. — Elle y touche.

بقّع, *n. a.* تبقعة Tacher. Ex.: بقعت سروالى بالحبر J'ai taché mon pantalon avec de l'encre; *ou bien* : الحبر بقع لى سروالى L'encre a taché mon pantalon.

بقعة, *pl.* ات Tache. *Ne s'emploie pas au figuré.*

مبقع, *fém.* ة, *pl. com.* ين Taché.

بقّل, *n. a.* تبقلة *et* بقلة Donner la fièvre intermittente. Ex.: هذا الما بقلنى بقلة كبيرة Cette eau m'a donné une fièvre très-forte. V. تبقّل Être pris d'un accès de fièvre. Ex.: طلعت لجنانى تبقّلت وهبطت J'ai été au jardin, j'y ai pris la fièvre et j'en suis revenu.

بقلة, *subst. fém.* Fièvre intermittente. Ex.: هو مريض بالبقلة Il est malade de la fièvre.

مبقّل, *fém.* ة, *pl.* ين Atteint de la fièvre. Ex.: فلان هبط مبقل من جنانه Un tel est revenu de son jardin avec la fièvre.

بكّش, *n. a.* تبكيش *et* بكشة Rendre muet; faire taire, imposer silence, *r. d. p.* Ex.: شيخ المسيد بكّش الولد Le maître d'école a imposé silence à l'enfant. — الخوف بكّشه La peur l'a rendu muet. — جيت نطلب الدراهم والحيا بكّشنى J'ai voulu demander de l'argent, la honte m'a rendu muet. V. تبكّش Se taire. Ex.: اتبكّش Tais-toi. — كيف بخصه تبكّش Quand il l'a grondé, il s'est tu.

بكّوش, *fém.* ة, *pl.* بكاكش Muet (عقون *est plus usité*). Ex.: فلان زاد بكّوش Un tel est muet de naissance.

مبكّش, *fém.* ة, *pl. com.* ين Devenu muet, ne parlant pas. Ex.: اش بك راك مبكش Qu'avez-vous? pourquoi ne parlez-vous pas?

بلّز, *n. a.* تبليز Vendre *un objet* plus cher qu'il ne vaut réellement; faire acheter à force d'instances *un objet* plus cher qu'il ne vaut, *ou* un mauvais objet pour un bon, *le vendeur ou l'ami du vendeur*. Ex.: هذا الصندوقة ما تسوا شي عشرة فرانك بلّزتها فى باثناش Cette tabatière ne vaut pas dix francs, et à force de me vanter votre marchandise, vous me l'avez fait acheter douze. — هذا المحرمة راشية بلّزتها فى Ce mouchoir est de mauvaise qualité, vous me l'avez vendu comme bon. — هذا العود جاذور علاش بلّزته فى بالتحقيق الى مولاه صاحبك Ce cheval n'est qu'une rosse, pourquoi me l'avez-vous fait acheter? Assurément vous êtes l'ami du vendeur. V. راك تبلّزت فى هذه الحاجة On vous a fait acheter cet objet plus cher qu'il ne vaut.

مبلّز, *fém.* ة, *pl. com.* ين Ayant acheté un objet dans les conditions indiquées plus haut. Ex. : راك مبلّز فى هذه الحاجة On vous a vendu cet objet au delà de sa valeur.

بنّن *n. a.* بنّة Donner du goût, de la saveur (*une épice, quelque chose que l'on met dans un ragoût*) بنّن الفوم Savourer. Ex. : هذا الطعم بنّنت هذه الحاجة Ceci a donné du goût à ce mets. — اذا ما تحبّ تشرب القهوة بنّن فومك بالمعجون Si tu ne veux pas boire le café, donne-toi le plaisir de savourer ces confitures. *On dit à quelqu'un qui médit de l'un et de l'autre* : بركة ما تبنّن شى فومك بالناس. IX. بنان Devenir savoureux, agréable au goût, prendre du goût. Ex. : هذا الطعم قبيلة كان صامط وضروك بنان Ce mets était fade, maintenant il a bon goût. X. استبن Goûter, *v. d.* Ex. : راني مريض ما نستبن شى حتى حاجة Je suis malade, je ne goûterai rien. — استبن هذه الحلوة Goûte cette friandise. — استبن هذه المعجون اش متاع Goûte cette confiture, vois ce que c'est.

بنّة *subst. fém.* Goût, saveur. — بنّة ما فيها شى Mauvais goût.

بنين, *fém.* ة, *pl.* بنان Délicat au goût, savoureux.

بندر Faire coller sur le corps, *une culotte maure, un pantalon.* Ex. : علاش تبندر سروالك Pourquoi fais-tu coller ainsi ton pantalon?

بنداير, *pl.* بنادر Sorte de tambour en usage chez les Maures. (*Il diffère du tambour nommé* طار *en ce qu'il n'est pas comme lui muni de grelots. On ne l'emploie que pour les chants religieux.*)

بنديرة *mot pers. ou esp., pl.* ات, *quelquef.* بنادر Drapeau des chrétiens. Voy. بند Freytag. Ex. : اش كون رافد البنديرة عند العسكر Qui porte le drapeau des soldats?

مبندر, *pl.* ين Collant sur le corps, *une culotte, un pantalon, quelquef.* trop juste, *un pantalon, une culotte.* Ex. : يقولوا السروال المبندر مكروه فى الصلات (Les Arabes) disent qu'une culotte maure qui serre contre le corps ne convient pas à celui qui fait ses prières. — قال لى الخياط هذا السروال يجيك مبندر Le tailleur m'a dit : Ce pantalon vous sera trop juste.

بنطل Étayer *un mur, un plafond* ; *fig.* vivre à l'aise. (*Pris dans ce dernier sens,* ce *verbe n'est employé que dans la phrase suivante :* يتخطل ويتبنطل Il vit à l'aise et sans gêne.) Ex. : الحيط يطيح لازم تبنطله Le mur va tomber, il faut l'étayer. — يتخطل ويتبنطل فى مال سيده Il vit à l'aise et sans gêne, grâce au bien de son maître. — تتخطل وتبنطل وانتا دايم مريح Tu vis à l'aise et sans gêne, et te reposes continuellement. *Quelquef. on dit par ironie de quelqu'un qui a donné des coups de bâton à un autre :* بنطله بالعصا *mot à mot*, Il l'a étayé avec un bâton.

بنطال, *pl.* بناطل Étai. Ex. : هذا البنطال قصير شوف لى واحد اطول منه Cet étai est trop court, donnez-en un plus long.

مبنطل *fém.* ة, *pl. com.* ين Étayé, *un mur, une maison*, etc. Ex. : ما تنقدر شى تهدّ الحيط من غير اذا كانوا السقوف مبنطلين Pour abattre le mur, il faut avant tout que les plafonds soient étayés.

بنقص Se désister *d'un projet*, renoncer à ses desseins ; cesser, interrompre, r. من. Ex. : كنت عزمت على هذه الحاجة وضروك بنقصت منها J'avais résolu de faire cela, mais j'y ai renoncé. — كنت نبنى وبنقصت قريب تكمّل البنيان Je bâtissais et j'ai interrompu, mais bientôt j'achèverai la construction.

بناقص Non, assurément ; non, bien certainement (1). Ex. : اذا ما تبدّل شى هذه الحاجة بناقص Si vous ne changez pas cela, bien certainement je n'en veux pas. — اذا ما تعطينى شى فرانك بناقص ما نخدم شى Si vous ne me donnez pas un franc, assurément je ne travaillerai pas.

بهذل, *n. a.* تبهذيل *et* تبهذلة Interpeller quelqu'un en public pour lui faire des reproches, *r. d. ou* فى ; gronder en public, *et simplement* gronder, *r. d. ou* فى ; déprécier *un livre, un objet, r. d.* ; rabaisser, avilir *la religion, r. d. av.* ب ; publier quelque chose qui n'est pas à la louange *d'une personne, av.* ب *pers.* ; faire honte *à un père, à un frère, à un parent par un mauvais accoutrement, une mauvaise conduite, etc., av.* ب *pers.* Ex. : فلان بهذلنى فى الزنقة على اربع فرنكات Un tel m'a interpellé dans la rue pour les quatre francs que je lui dois. — دايم نبهذل فيك وما تستحى شى Je vous gronde continuellement, et vous n'avez pas honte. — فلان بوركتابى وبهذل به عند الناس Un tel a décrié mon livre et

---

(1) Ce mot doit probablement son origine à l'agglutination de ب avec ناقص.

l'a déprécié aux yeux de tous. — دايم تعود هذا الكلام وتبهذل به قدام الناس ما تبهذل شي بالدين Vous dépréciez cette parole à force de la répéter. — قدام اليهود Ne rabaissez pas la religion (musulmane) en en parlant devant les juifs. — شافني واحد المرة سكرت في عمري بهذل بي في الدنيا كاملة Il m'a vu ivre une fois dans ma vie, il a été le publier partout. — هذا الولد حوايجه مقطعين يبهذل بباباه Cet enfant a les habits déchirés, il fait honte à son père. II. تبهذل Être grondé ; devenir commun, *un objet d'abord rare.* Ex. : دايم تتبهذل وما تستحي شي Vous êtes grondé continuellement et vous n'avez pas honte. — في زمان الشراب عزيز ضروك تبهذل يشربه واحد من طرف Autrefois le vin était très-rare ; aujourd'hui, il n'en est plus ainsi, le premier venu peut en boire.

تبهذيل *subst. masc.* Manière d'être ou d'agir d'une personne dont la conduite ou l'état n'est pas en rapport avec sa position sociale, et qui par suite s'abaisse et se déprécie elle-même aux yeux du public. Ex. : حوايجك مقطعين باباك مولا مال ما يوالمك شي هذا التبهذيل Votre père est riche ; pourquoi avoir toujours ainsi des habits déchirés ? Cela ne vous convient pas. — دايم تاكل مع الخدامين هذا التبهذيل ما يوالمك شي Vous mangez toujours avec des ouvriers ; cette conduite ne vous convient pas.

مبهذل, *fém.* ة, *pl. com.* ين Déprécié, ayant perdu son prix, *un objet trop souvent montré, un bon mot trop souvent répété, etc.* ; devenu commun, *un objet d'abord rare* ; ayant une conduite ou une manière d'être qui n'est pas en rapport avec sa position de fortune ou le rang qu'il occupe dans la société. *Ce mot s'emploie surtout en parlant d'une personne mal vêtue, mal habillée, et qui pourrait néanmoins bien se vêtir ou s'habiller, quelquef. même il signifie* mal vêtu, mal habillé. Ex. : هذا القماش بكري كان عزيز وضروك راه مبهذل يخدموه في كل بلاد Cette étoffe était rare autrefois ; aujourd'hui elle est devenue très-commune, on en fabrique partout. — دايم تشوف فلان مبهذل لاكن عنده الدراهم يقدر يلبس مليح Je vois toujours un tel mal vêtu ; il est riche cependant, et pourrait bien se vêtir. — فلان دايم مبهذل وصباطه مقطع Un tel est toujours sale et mal vêtu, et avec des souliers troués. — فلان دايم مبهذل يسكر ويخرج في الزانقة Un tel se dégrade, il se grise et va se promener dans les rues.

تبهرج, *n. a.* تبهريج et تبهرجة Mettre du luxe, de la recherche, *dans la table, l'ameublement, les vêtements, etc.* Ex. : يتبهرج في اللباس الكشمير الّي على راسه يسوا الف فرانك Il met du luxe dans ses vêtements ; il a sur la tête un cachemire de mille francs.

تبهريج Luxe. Ex. : قوّة التبهريج تفقر الناس Le grand luxe finit par appauvrir.

متبهرج, *fém.* ة, *pl. com.* ين Aimant le luxe. Ex. : هذا الرجل في كل شي مبهرج Cet homme met du luxe partout.

بهز, *n. a.* بهزة Sauter *sur quelqu'un, r.* ل ; *par extens.* se dépêcher, se hâter. Ex.: بهز لي الكلب باش ياكلني Le chien a sauté sur moi pour me mordre. — ابهز جيب لي هذه الحاجة Dépêchez-vous de m'apporter cet objet.

تبهلل, *n. a.* تبهليل Vouloir en imposer à quelqu'un en faisant semblant d'ignorer quelque chose que l'on sait parfaitement, ou de ne pas connaître une personne que l'on a déjà vue ; devenir fou. Ex. : فلان يتبهلل علىّ يقول ما يعرف شي فلان وهو حبيبه Un tel veut m'en imposer. Il dit : Je ne connais pas un tel. C'est cependant son ami. — بركة ما تبهلل علىّ هذا الخبر تعرفه Cessez donc de faire l'ignorant avec moi ; vous connaissez parfaitement cette nouvelle. — فلان كان عاقل وضروك بدا يتبهلل Un tel était un homme intelligent ; maintenant il devient fou.

بوّز Enlever ce que contient un navire pour le réparer ou le démolir (1) ; changer l'ordre et la disposition des marchandises, des pièces de canon, *et généralement* de tout ce que contient *un navire ;* changer l'ordre et la disposition des objets, *dans une chambre, une boutique, et au fig,* faire passer *quelqu'un* de la tranquillité à l'inquiétude, de la bonne humeur à la mauvaise, le faire sortir de son assiette, le contrarier, *r. d. ou* في. Ex. : الفرقاطة الّي محروقة في الطراد بوّزوها باش يرفعوها Ils ont enlevé tout ce que renfermait la frégate qui avait été criblée de boulets dans le combat, afin de la réparer. — راهم يبوّزوا في المركب باش يقلبوه Ils changent tout de place dans le navire afin de le mettre sur le flanc. — كنت بكيفي انتا بوّزتني J'étais de bonne humeur, et vous êtes venu me contrarier.—

(1) Ce mot ne s'emploierait pas simplement dans le sens de « décharger les marchandises d'un navire ».

هذا الكلام بوزنى Cette parole m'a contrarié. — تبوّز تشتيقة الحانوت Je changerai l'ordre et l'arrangement qui existent dans la boutique. V. تبوّز Être enlevé, *ce que contient un navire que l'on veut réparer ou démolir ;* être changé, *l'ordre, l'arrangement ;* être contrariée, *une personne ;* se changer en mal, *l'état moral d'une personne ;* se gâter, se déranger, *le temps.* Ex. : ما يمكن شى المركب يترقع من غير اذا تبوّز القش الى فيه On ne saurait réparer le navire sans avoir enlevé auparavant tout ce qu'il contient. — الحال بدا يتبوّز Le temps commence à se gâter. — تبوّز حالى من هذه الخسارة Depuis cette perte je ne suis plus dans mon état habituel.

مبوّز, *fém.* ة, *pl.* ين Déchargé et débarrassé de ce qu'il contenait, *un navire que l'on veut réparer ou démolir ;* changé, *l'ordre, l'arrangement, la disposition ;* contrariée, *une personne ;* dérangé, *le temps.* Ex. : واش بك راك مبوّز Qu'avez-vous ? Vous paraissez contrarié. — ما نطلع شى للجنان اليوم الحال مبوّز Je ne monterai pas au jardin aujourd'hui, le temps est dérangé.

بوق *subs. masc.*, *pl.* بواق Triton, *coquille univalve dont les Arabes se servaient autrefois en guise de trompette et de porte-voix, afin de s'appeler à de grandes distances.*

بوّق, *n. a.* تبويق Souffler dans le coquillage nommé بوق ; siffler, *le vent ;* divulguer, publier *un secret.* Ex. : كان الريح يبوّق فى حبال المركب Le vent sifflait à travers les cordages du navire. — قلت له سر بوّق به الدنيا Je lui avais confié un secret, il a été le publier partout. — *On pourrait dire encore :* بوّق فى الدنيا. V. تبوّق Être informé d'une nouvelle, *un pays, une ville.* — فلان صارت له دعوة تبوّقت بها البلاد Il est arrivé une affaire à un tel, et tout le pays en a été informé. *On pourrait dire encore :* تبوّقت بها الدنيا كاملة ou تبوّقوا بها الناس.

بويق, *pl.* ات Triton de la petite espèce (1).

---

(1) Au mot باق *f. O.*, dans Freytag, on trouvera des significations à peu près semblables à celles que nous avons données aux dérivés de بوق, mais assez différentes cependant pour qu'on puisse regarder باق comme détourné de sa signification primitive.

TROISIÈME SÉRIE.

MOTS USITÉS SEULEMENT EN ARABE VULGAIRE NE DONNANT LIEU GÉNÉRALEMENT A AUCUN DÉRIVÉ ET PROVENANT, OU DE MOTS ARABES DÉTOURNÉS DE LEUR SIGNIFICATION PRIMITIVE, OU DE MOTS D'ORIGINE ÉTRANGÈRE INTRODUITS DANS LA LANGUE.

باش Pour, afin que, *contraction de* ب اى شى.

بايلك État, gouvernement. — دار البايلك Maison appartenant à l'état.

بيبراس Sorte d'oignon sauvage (1).

ببيط Sorte d'oiseau.

بتية Futaille, baril, tonne. *On dit d'un gros homme :* هذا الرجل كيف البتية.

بجغة Peu de chose, presque rien. *Ce mot s'emploie en parlant d'une dette qui n'est pas encore entièrement payée, ou d'un travail presque entièrement fini.* Ex. : قداش ما زال يسالك — بقات بجغة قليلة Combien te doit-il encore ? — Presque rien.

بحة Harmonie, souplesse dans la voix d'un orateur, d'un chanteur ou d'un lecteur. Ex. : عنده البحة فى صوته Il a la voix agréable.

مبخرة Sorte d'échafaudage en bois que les Maures placent au-dessus d'un réchaud pour faire sécher les linges mouillés. Ex. : مدّ لى المبخرة باش نيبّس چوالك الولد Faites-moi passer le mebkra pour faire sécher les langes de l'enfant.

تبختر Être dans une riche position. Ex. : قداش وهو فاقير ضروك راه يتبختر

---

(1) Nous aurions voulu déterminer d'une façon précise les significations des mots appartenant à l'histoire naturelle ou aux arts; mais nous avons dit dans la préface pourquoi il nous avait été impossible de compléter notre travail.

A quelle misère n'a-t-il pas été réduit? Le voilà maintenant dans une riche position. — فلان راه يتبختر ما يخصه حتى شى Un tel est dans une riche position, il ne lui manque rien.

بدعية Premier et second gilet des Maures.

بديعية Petit gilet; petite casserole en cuivre que l'on fabrique à Bône. Ex.: تعمل لى بديعية لولدى Vous me ferez un petit gilet pour mon enfant. — جيب لى البديعية نطيّب فيه شوية شربة Apportez-moi le bedia'ia afin de faire un peu de bouillon.

مبدوع Nom d'une espèce de pomme. Ex.: فى التفاح نحبّ المبدوع Parmi les pommes, je préfère le *mebdouâ*.

بيدق Pièce du jeu d'échecs.

برّاد Théière.

بارود Poudre; feu d'une armée. Ex.: بارود هذه الجيهة اقوى من هذه Le feu est plus violent de ce côté que de l'autre.

باروجى Ouvrier occupé à la fabrication de la poudre.

بردو Bordée. Ex.: هذا المركب ما قدرشى يدخل للمرسة حتى صرب ثلاثة بردوات Ce navire n'a pu entrer dans le port qu'après avoir couru trois bordées.

برّاسكة Tempête.

برّيطة Chapeau, casquette, et généralement toute espèce de coiffure européenne.

بريرطة Petit chapeau, petite casquette.

برغى Tire-bourre. Ex.: اعطينى البرغى باش نفرّغ المكحلة Donnez-moi le tire-bourre pour décharger le fusil.

برغول Blé que l'on fait cuire dans l'eau et sécher au soleil, et que l'on fait moudre ensuite grossièrement pour l'employer en guise de riz.

بريّق Fourmi ailée. Ex.: نحبّ البريّق باش نسطاد الحميمة Je veux des fourmis ailées pour prendre des hh'amima (sorte d'oiseau).

برّاقة mil, millet. Ex.: قداش تاكُل العفيون — قدّ الحبّة متاع البرّاقة Combien prenez-vous d'opium? — La valeur d'un grain de mil.

بركة pron. *beurka*. Ce que l'homme, la vache et quelques autres animaux rejettent en une seule fois dans l'acte de la défécation. Ex.: شُفت عند باب داري بوكة متاع البقرة J'ai vu une bouse de vache près de la porte de ma maison.

بُراكة Viande hachée avec des oignons, mêlée avec du beurre, enveloppée de pâte et frite dans l'huile.

برقامج Table d'un livre.

باسطة Pièce de drap.

بسكوتچو Biscuit de pâtissier.

بشكاش *originairement* Cadeau fait à quelque grand ou dignitaire. *Aujourd'hui ce mot est employé quelquef. pour signifier un simple cadeau.* Ex. : باى تونس بعث بشكاش كبير للسلطان Le bey de Tunis a envoyé de grands présents au sultan.

بضعة, *pl.* ات Forte et belle, *une femme.*

بصلان Sorte de coquillage.

بحيرة بعلى بعلى Potager que l'on n'arrose pas pendant les chaleurs de l'été.

باغر Sorte de gros poisson.

بغرير Morceau de pâte cuite avec du miel et du beurre ou de la graisse, et toute percée de trous par le résultat de la cuisson. Ex. : طاجين البغرير Marmite en terre destinée à faire cuire le بغرير. *On dit d'un homme sur la figure duquel la petite-vérole a laissé de profondes marques :* وجهه مثقوب كيف البغرير بالجدرى.

بغاشة, *pl.* بغاغش Débauché, vaurien, mauvais sujet, polisson. (*Ce mot ne s'emploie guère en parlant de quelqu'un qui a dépassé vingt ans.*) Ex. : قال الرجل للولده ما تعمل شى شغل البغاغش L'homme a dit à son fils : Ne te conduis pas comme les vauriens.

بغيغش Petit polisson, petit vaurien. Ex. : جا واحد البغيغش يدقدق فى بابنا Un petit polisson est venu frapper à notre porte.

بطانة Peau de mouton tannée.

بقلاو *mot esp.* Morue salée. Ex. : اشرى لى رطل بقلاو Achetez-moi une livre de morue.

بقلاوة Sorte de pâtisserie en usage chez les Maures et dans laquelle il entre des amandes, du beurre et du sucre. Ex. : اشرى لى زوج حبات بقلاوة Achetez-moi deux baqualaoua.

باقية Vase en terre vernie et ayant la forme d'un bol.

بكبك, *n. a.* تبكبيك Faire du bruit en chauffant un plat contenant de la graisse, de la sauce, etc. Ex. : الطعام الّى راك تطيب فيه راه يبكبك فوق النار Le mets que vous préparez et que vous avez placé sur le feu fait du bruit en chauffant.

بكبوكة Nom donné à la viande qui provient du ventre de la vache ou du bœuf. Ex. : اشرى لى زوج صامات بكبوكة Achetez-moi deux lots de viande (1) provenant du ventre de la vache. *On dit quelquef. en voyant un homme qui a un gros ventre :* اش من بكبوكة.

بلارة Bocal. Ex. : بلارة متاع الحوت Bocal pour les poissons.

بلاط Plat.

بليطة Châle.

بلطاية Ensemble des cartes d'une même couleur.

بلغة Souliers d'une forme particulière portés par les Marocains et par une partie des Arabes.

بلق Imberbe. Ex. : هذا الولد ما زال بلق Ce jeune homme est encore imberbe.

بلم Faible d'esprit, imbécile. Ex. : فلان محسوب كيف البُلم Un tel est regardé comme un imbécile.

بلاى Pierre à repasser sur laquelle on doit mettre de l'huile. Ex. : اشرى لى بلاى باش نرحي الجدامى Achetez-moi une pierre pour repasser les couteaux.

بليون Seau.

بنجار Betterave. Ex. : اشرى لى حبّات بنجار Achetez-moi des betteraves.

بنك Banc, lit, bois de lit, canapé, bois de canapé. Ex. : فاين ترقد فوق المطرح والّى فوق البانك Où dormez-vous habituellement? Sur un matelas étendu à terre, ou dans un lit?

بور Décrier *un livre, une personne, une parole, etc.* Ex. : هذا الرجل دايم يبورفى كلامى Cet homme ne cesse de décrier tout ce que je dis. — بوّر هذه السلعة باش مولاه ما يبيعهاشى Il a décrié cette marchandise pour que celui qui la possédait ne pût la vendre.

بورة Araqui, sorte d'eau-de-vie en usage chez les Maures. *On dit mieux* عراقى.

---

(1) Sur l'étal d'un boucher arabe, la viande est divisée en lots contenant chacun plusieurs petits morceaux.

بوراقى, *pl.* ية Celui qui boit volontiers l'araqui.

بوقة Nom d'un petit poisson de la Méditerranée.

بومبة Bombe.

بومباجى Celui qui lance les bombes.

بياض Taie sur l'œil. Ex. : طاح البياض فى عينه Il lui est venu une taie sur l'œil.

بيّاض Blanchisseur à la chaux.

Maintenant que nous avons donné dans les trois séries précédentes le sens et la signification de tous les mots exclusivement usités en arabe vulgaire que renferme la lettre ب, nous allons en comparer le nombre à celui des mots usités à la fois en arabe littéral et en arabe vulgaire commençant par cette même lettre ب.

NOMBRE DES MOTS RENFERMÉS DANS LA PREMIÈRE SÉRIE, PAGE 5.

بتر	(1) 3	Report.	34	Report.	61
بجج	2	برغز	1	بشكر	2
بحبح	3	برم	7	بص	4
بتخ	3	برن	3	بعبع	2
بخص	4	برينة	3	بقط	3
بربر	4	برا f. O.	2	بقع	3
بربش	4	بسبس	2	بقل	4
بربط	3	بسل	3	بكش	4
برج	4	بشبش	2	بلز	3
برح	4	تبشقش	4	بنن	5
Total.	34	Total.	61	Total.	91

---

(1) Les chiffres des colonnes indiquent le nombre des mots qui appartiennent à une même racine.

	Report. 91		Report. 100		Report. 107
بندر	4	بهذل	3	بهلل	2
بنطل	3	بهرج	3	بوز	3
بنقص	2	بهز	1	Total.	112
Total.	100	Total.	107		

NOMBRE DES MOTS RENFERMÉS DANS LA SECONDE SÉRIE, PAGE 13.

			Report. 20		Report. 37
بحر	2	بواسر	2	بقبق	2
بحيرة	4	بشماط	3	بقر	2
بدع	1	بطبط	1	بلاد	1
بردعة	2	بطيخ	2	بلوط	3
براقة	2	بطل	2	بوب	1
بركث	5	بطن	3	بات	1
برق	1	تبغدد	2	بيت	1
بسطة	1	بغل	2	Total.	48
بعج	2				
Total.	20	Total.	37		

NOMBRE DES MOTS RENFERMÉS DANS LA TROISIÈME SÉRIE, PAGE 29.

Ce nombre s'élève à 62 (1).

Le total des mots renfermés dans les trois séries précédentes, c'est-à-dire qui appartiennent exclusivement à l'arabe vulgaire et commencent par la lettre ب, est de 222.

(1) Nous n'avons pas cru devoir répéter ici la liste de ces mots; comme il n'y a dans cette liste ni formes ni dérivés, c'eût été faire un double emploi.

Voyons maintenant quelle est la différence entre le nombre des mots qui appartiennent *exclusivement* à l'arabe vulgaire et le nombre des mots qui appartiennent en même temps à l'arabe littéral et à l'arabe vulgaire.

LISTE ET NOMBRE DES MOTS ET FORMES DE VERBE USITÉS A LA FOIS EN ARABE LITTÉRAL ET EN ARABE VULGAIRE ET DONT LA RACINE COMMENCE PAR LA LETTRE ب.

Mots	Nombre
بانة (1).	1
بحث Ire, IIe, IIIe et VIe f. - مبحوث - مبحّث.	6
بحثر.	1
بحر - بحيرة - بحرى.	3
بخت.	1
بخر - بخور - مبخر - مبخرة.	4
بخس - باخس.	2
بدد - مبدّد.	2
بدر Ire et IIIe f.	2
بدع Ire et VIIe f. - بدعة - مبدوع.	4
بدل IIe, IIIe, Ve et VIe f. - بدل - تبديل.	6
بدن - بادن.	2
بدا - بدو - بادية - بداوى - ابتيدا - مبدى.	6
بذر IIe f., et مبدّر.	2
بذل.	1
بر.	1
بر Ire, IIe et Ve f. - بارى - مبارية.	4
Total.	48

Mots	Nombre
Report.	48
برج.	1
برخ.	1
برد Ire, IIe et Ve f. - برد - بارد - بربد - براده - بردان - برودة - بردى.	10
بردعة.	1
برزخ.	1
برص.	1
برعوت.	1
برق Ire et IIe f. - برق - برواق - براقة.	5
برقس.	1
برك Ire, IIe et IIIe f. - بارك - بركة - مبروك.	6
برم Ire, IIe et VIIe f. - برمة - بريمة - مبروم.	6
برميل.	1
برهن - برهان.	2
برى - برا pour براة - برية - بريان - مبرى.	5
Total.	90

(1) Nous avons écrit les mots de cette série comme on les écrit en arabe vulgaire.

Report.	90
بزر - الابزار.	2
بزق - بزقة.	2
بزيمة pour أبزيم.	1
بسباس.	1
بسط Ire, IIe, Ve et VIIe f. - مبسوط.	4
بشر Ire, IIe et IIIe f. - بشارة.	4
بشماط.	1
بشنة.	1
بصبص.	1
بصّر - بصر - بصيرة.	3
بصل.	1
بطة.	1
بطنا pour بطنوْ - باطى.	2
بطح Ire et VIIe f. - مبطوح.	3
بطّيخ.	1
بطل Ire et IIe f. - بطال - بطّال.	4
بطم.	1
بطن - باطن.	2
بعث Ire et VIIe f. - بعث - مبعوث.	4
بعج Ire et VIIe f. - مبعوج.	3
بعّد - بعد - بعد - بعيد.	4
بعّر - بعر.	2
بعض - بعوض.	2
بغث.	1
بغض - بغض - بغيض - مبغوض.	4
بغل - بغلة.	2
بق.	1
بقبق.	1
بقر - بقرة - بقرى - بقّار.	4
Total.	153

Report.	153
بقع Ire et Ve f. - بقع - بقعة - مبقع.	5
بوقالة.	1
بقم.	1
بقا Ire et IIe f. - باق - بقية.	4
بكر - بكر - بُكرة - بكرى - بكور.	5
بكي Ire, IIe et Ve f. - بكاى.	5
بلّ - مبلول.	2
بلبل.	1
باح.	1
بلد - بلاد - بليد - بلادة - بلادى - بلبيدة.	6
بلّار.	1
بلارج.	1
بلوط.	1
بلع - بلّاعة.	2
بلغ Ire et IIe f. - بالغ - بلوغ - بليغ - بلاغة.	6
بلعم.	1
بلق.	1
بلا Ire, IIIe et VIIIe f. - بلا - بلّية.	5
بنج.	1
بنحار.	1
بندق.	1
بنفسج.	1
بنا Ire, VIIe, VIIIe et Xe f. - ابن - بنت - بنّاى - بنيان - مبنّى.	9
بهت - باهت - بهتات - مبهوت.	4
بهيم.	1
باهى.	1
باب - بوّب - مبوّب.	3
Total.	224

	Report.	224
باح *f. O.* Ire, IIe et V^{e} f. - مبوّح.		4
بار *f. O.* - باير - بور.		3
باس *f. O.* - بوس - بوّاسة.		3
بال *f. O.* Ire, IIe et X^{e} f. - بال - بول - مبالة - بوّال.		7
بات *f. I.* Ire et IIe f. - بيت - بويتة.		4
	Total.	245

	Report.	245
بيّض - بيض - بيضة - بياض - تبييض - مبيّض - ابيض - بيوضة.		8
باع *f. I.* Ire, IIe et VIIe f. - بيع - بايع - مبيوع - بتّياع - بيوع.		8
بان *f. I.* Ire et IIe f. - بين - باين - مبين - بيينة.		6
	Total	267

CONCLUSION DE TOUT CE QUI PRÉCÈDE.

Le total des mots qui appartiennent exclusivement à l'arabe d'Alger est pour la lettre ب de 222 mots, mots qui sont employés habituellement dans toutes les classes de la société indigène, par les gens instruits aussi bien que par les ignorants. D'un autre côté, le total des mots appartenant à l'arabe littéral en même temps qu'à l'arabe d'Alger n'est pour cette même lettre ب que de 267 mots. On ne saurait donc dire qu'il n'existe pas à Alger d'arabe vulgaire pour la lettre ب, et, d'après ce que nous avons dit en commençant, on doit étendre la même conclusion aux autres lettres. Il est donc incontestable de dire qu'il existe un arabe vulgaire à Alger, et c'est, à notre avis, une grande erreur que de le comparer simplement au français mal orthographié ou mal prononcé.

I.

§ Ier. *Nécessité pour un peuple conquérant d'étudier la langue du peuple conquis.*

Les peuples comme les hommes ont des devoirs et des obligations à remplir ; toutes les sociétés humaines sont solidaires, elles se lient et s'enchaînent l'une à l'autre; la plus forte doit protéger la plus faible, celle qui sait doit enseigner à celle qui ne sait pas; mais si, comme les nations antiques, le peuple conquérant ne voyait dans le peuple conquis que des tributaires, des esclaves ou des parias; s'il n'était pour lui que des hommes à exploiter et un moyen d'accroître ses richesses matérielles; s'il ne cherchait qu'à s'en faire un piédestal pour son ambition et son orgueil, et méconnaissait en lui cette étincelle divine qui apparaît dans toute race humaine, ce peuple conquérant mériterait d'être à jamais rayé de la liste des nations.

La Providence, en donnant à certaines sociétés des richesses intellectuelles et morales, n'a pas voulu qu'elles s'en fissent les propriétaires exclusifs. Ces flots de lumière qu'elle a versés sur les peuples européens, ces moyens puissants de civilisation qu'elle a mis à leur disposition, ils n'ont pas le droit de se les réserver pour eux seuls; et si l'homme égoïste et qui ne vit que pour lui est méprisable aux yeux de tous, la nation égoïste et qui ne voit qu'elle dans l'univers ne l'est pas moins aux yeux de l'humanité toute entière.

Ce que demandent les droits sacrés de la justice, l'intérêt privé du peuple conquérant l'exige encore à un haut degré.

Pour que deux sociétés puissent rester unies, il faut qu'il y ait une certaine harmonie entre elles, sans quoi la plus forte méprisera la plus faible, et la plus faible haïra la plus forte. Or, jamais une nation à moitié barbare n'aura de sympathie pour une civilisation qu'elle ne comprend pas : la grandeur d'âme de ses vainqueurs sera pour elle de la faiblesse; les faveurs qu'ils octroient aux vaincus seront arrachées par la crainte, et il lui sera impossible d'apprécier les sentiments nobles et généreux qui dirigeraient les actes d'un gouvernement qu'elle déteste. Le jour où elle pourra renverser la barrière que la civilisation a su mettre au déchaînement de ses passions brutales sera un jour mille fois désiré. La crainte seule la retient; mais si une lueur paraît à l'horizon, si la nation vaincue et encore barbare conçoit la possibilité de recouvrer son ancienne indépendance, elle va se soulever toute entière, bien plus terrible alors qu'elle n'était avant la conquête : car la nation civilisée qui n'a rien donné à ceux qu'elle a soumis sous le rapport de l'intelligence ou des mœurs, leur a appris au moins par l'ordre et la discipline de ses troupes à s'unir contre l'ennemi commun.

Ce jour où les vaincus pourront lever l'étendart de la révolte arrivera infailliblement. Que la nation conquérante soit obligée de disperser ses troupes sur une grande étendue de pays, par suite de l'accroissement de ses conquêtes; qu'un seul entre tous les barbares doué d'une intelligence et d'une énergie peu communes se rende compte de la difficulté de la défense, avec quelle facilité ne soulèvera-t-il pas la masse entière des vaincus encore ensevelie dans la nuit obscure de ses préjugés? Que la nation conquérante éprouve des troubles intérieurs, sa conquête ne pourra-t-elle pas devenir pour elle une source d'embarras et d'incertitudes? Que la guerre éclate entre elle et une nation voisine, la barbarie qu'elle n'a pas voulu combattre ne deviendra-t-elle pas une arme puissante entre les mains de ses ennemis? Si l'on examine froidement les choses, si l'on jette un regard sur les faits qui s'accomplissent habituellement dans la vie des nations, jamais, il faut bien le reconnaître, la conquête d'un peuple barbare ne sera assurée tant que le plus grand nombre de ceux qui le composent ne sera pas civilisé dans ses mœurs et son intelligence.

Mais malgré tant de motifs puissants qui doivent déterminer la nation conquérante à faire goûter aux vaincus les fruits de la civilisation, malgré les louables efforts tentés par quelques administrations, et en particulier en France par l'administration militaire, où est la nation moderne chez laquelle ce besoin d'éclairer et de moraliser un peuple barbare soit devenu un sentiment public et national? C'est à la France, ce foyer d'où jaillit toute idée généreuse, à tracer aux peuples civilisateurs la voie nouvelle qu'ils doivent suivre. Que cette nation célèbre entre toutes ajoute encore un titre de gloire à tous ceux dont elle est si fière à juste titre! Qu'elle envisage les intérêts de l'humanité toute entière plutôt que les siens propres, et que, non contente d'avoir affranchi les peuples européens du tribut honteux qu'ils payaient à des barbares, elle donne encore à l'univers l'exemple d'une nation qui se dévoue pour en civiliser une autre (1). Mais si le peuple conquérant veut civiliser le peuple conquis; s'il veut faire disparaître ce qu'il a de barbare et même de cruel dans ses mœurs; s'il veut détruire à tout jamais son ignorance grossière et ses vices et le faire passer des ténèbres à la lumière, le seul, l'unique moyen qu'il puisse employer, c'est de lui communiquer ses idées; ces idées, il peut les lui communiquer ou par les écrits ou par la parole. Les écrits seuls ne suffisent pas. Chez un peuple barbare, un petit nombre seulement savent lire; et puis d'ailleurs peut-on exprimer à l'aide d'une feuille ou d'un journal tout ce que la parole peut dire? Elle seule est le véritable instrument de la civilisation; elle seule est

(1) Je suis bien loin, comme on le voit, de nier les efforts tentés par l'Administration militaire pour la civilisation des Arabes; mais, jusqu'à présent, l'Administration militaire a été en quelque sorte réduite à ses propres forces. Il faut qu'elle trouve dans l'opinion publique le puissant levier dont elle a besoin pour accomplir cette œuvre, et celle-ci s'est jusqu'alors occupée de colonisation bien plutôt que de civilisation.

la clef qui puisse ouvrir les magnifiques trésors qu'elle renferme ; des milliers de bouches l'emploient à la fois et peuvent ainsi verser au milieu du peuple conquis des flots de lumière intellectuelle et morale. C'est par elle que le savant peut enseigner sa science, l'artiste découvrir les secrets de son art, et l'homme de guerre faire apprécier à ceux qu'il commande les bienfaits de la civilisation et la justice de la nation conquérante. La nécessité d'employer la parole comme instrument de civilisation une fois reconnue, il est naturel de se demander si c'est le peuple conquérant qui doit apprendre la langue du peuple conquis, ou bien le peuple conquis qui doit apprendre celle du peuple conquérant. Si le peuple conquérant pouvait faire en sorte que sa langue fût apprise par le peuple conquis, ce serait, certes, infiniment plus commode et plus avantageux pour lui ; mais, à moins d'employer la force brutale, triste moyen de civilisation, comment fera-t-il que des peuples à demi barbares se livrent aux études nécessaires pour connaître même imparfaitement une langue d'un génie et d'un caractère tout différents de celle qu'ils parlent habituellement. Certes, on trouvera bien çà et là quelques individus capables d'apprendre la quantité de mots nécessaires pour exprimer leurs idées dans le cercle ordinaire de la vie ; mais qu'il y a loin de là à cette connaissance approfondie d'un langage que l'homme non civilisé doit acquérir afin de percevoir lui-même, et par suite, de faire comprendre aux autres les bienfaits de la civilisation intellectuelle et morale ! N'est-il pas juste, au reste, que la nation dont les facultés intellectuelles sont les plus développées et qui sent tout le prix de la civilisation fasse elle-même les études nécessaires pour se mettre en rapport avec ceux qui ne la connaissent pas encore ?

Si tout ce que nous venons de dire est juste, il est clair que le gouvernement civilisateur devra mettre tous ses soins à rendre facile et accessible à tous l'étude approfondie de la langue parlée par le peuple conquis. Comment y parviendra-t-il dans la circonstance qui nous occupe ? C'est ce que nous allons étudier dans ce Mémoire ; mais, auparavant, voyons quelles sont les ressources actuelles pour parvenir à la connaissance de la langue parlée chez les Arabes.

II.

§ II. *Ressources actuelles pour l'étude de l'arabe vulgaire.*

L'arabe vulgaire, ainsi que nous l'avons vu, contient une série de mots qui lui sont communs avec l'arabe littéral, et une autre série dont il est en quelque sorte le propriétaire exclusif. Pour étudier la série de mots appartenant à l'arabe littéral, deux moyens sont en notre pouvoir : 1° L'étude des ouvrages écrits en arabe (1) ; 2° la fréquentation des indigènes et leur conversation, moyen qui servira en même temps à apprendre la série des mots qui appartiennent exclusivement à la langue vulgaire. Voyons d'abord jusqu'à quel point peut être utile l'étude de la langue littérale pour arriver à la connaissance de la langue parlée ; rappelons-nous bien toutefois qu'il ne s'agit pas seulement d'arriver à une connaissance superficielle de la langue de façon à pouvoir exprimer ses idées dans le cercle ordinaire des choses de la vie, mais qu'il s'agit de la connaître d'une façon telle que l'on puisse dissiper les erreurs et les préjugés d'une nation et renouveler ses idées intellectuelles et morales, sans lesquelles il ne saurait y avoir de véritable civilisation.

Ce principe une fois posé, revenons à la question qui nous occupe : Quelle est l'utilité des études faites en arabe littéral pour arriver à

(1) Je ne fais point ici une mention particulière des ouvrages écrits exclusivement pour l'étude de la langue parlée ; si beaucoup d'entre eux sont fort bien faits et indiquent parfaitement la tournure et le style de la phrase vulgaire, ils ne contiennent cependant qu'une très-petite quantité de mots eu égard à tous ceux dont la langue vulgaire est composée.

la connaissance de la langue vulgaire? La série des mots communs à l'arabe littéral et à l'arabe vulgaire n'est qu'une très-faible partie de tous ceux que renferme cette première langue; mais comme on ne saurait distinguer *à priori* dans l'arabe littéral les mots qui appartiennent à la langue vulgaire de ceux qui ne lui appartiennent pas, il faudra de toute nécessité apprendre entièrement la langue littérale, afin de connaître la petite quantité de mots qui lui sont communs avec l'arabe vulgaire. Or, pour apprendre la langue littérale suffisamment, je ne dis pas pour traduire les auteurs en s'aidant d'un dictionnaire, mais de façon à pouvoir reconnaître à priori le sens d'un mot entendu dans la conversation, il faut un travail de plusieurs années dont tout le monde reconnaîtra l'impossibilité pour la plupart de ceux qui devraient étudier la langue vulgaire. Cette étude de la langue littérale doit donc être considérée comme à peu près inutile pour ceux qui veulent se borner à étudier la langue parlée (1); remarquons même en passant qu'elle serait bien loin de conduire à leur but ceux qui s'y livreraient avec ardeur dans l'espoir d'arriver à parler l'*arabe comme le français*. Elle aiderait tout au plus après un long et pénible travail à acquérir plus facilement l'habitude de certains mots en usage dans la langue vulgaire (2). Ainsi donc l'étude des livres est

(1) Je suis bien loin de nier la grande utilité de la langue littérale sous une foule de rapports; je ne l'envisage ici que comme devant servir à la connaissance de la langue parlée.

(2) L'étude exclusive de l'arabe littéral sans une étude parallèle et approfondie de la langue vulgaire conduirait bien souvent à d'étranges erreurs; car, ainsi que nous l'avons vu chapitre Ier, une grande quantité des racines communes à ces deux langues littérale et vulgaire présente dans chacune d'elles des sens tout différents; mais celui qui n'aurait étudié que la langue littérale se trouverait conduit naturellement à leur donner en parlant le sens qu'il sait leur appartenir dans la langue littérale, ou, s'il les entendait, à les traduire dans le même sens. Si rien, par exemple, ne déterminait le sens du mot بحري employé dans une phrase vulgaire entendue à Alger, celui qui ne connaîtrait que l'arabe littéral le traduirait par le mot *marin*,

tout à fait insuffisante. Voyons maintenant les ressources qu'on peut espérer trouver dans le contact des Arabes et leur conversation, et pour cela, rendons-nous bien compte tout d'abord de la position des Européens en Algérie vis-à-vis des Arabes.

En Afrique, l'Européen ne vit pas avec l'indigène, mais seulement à côté de lui; il ne participe pas à tous les détails et à toutes les intimités de sa vie; ses mœurs, ses usages, ses coutumes diffèrent essentiellement. L'Européen n'est et ne peut être, par exemple, à l'égard des indigènes, dans la position d'un Français qui va habiter l'Angleterre pendant quelques mois et y séjourner dans une famille anglaise afin de connaître la langue du pays : l'entrée de la famille arabe ou maure lui est complètement interdite; il ne voit l'indigène que de temps à autre, et l'unique ressource qu'il ait pour arriver à connaître sa langue est à peu près d'aller s'ennuyer de longues heures au café maure, afin d'y accrocher çà et là quelques lambeaux d'arabe (1). Mais quand il faut saisir un à un et dans des conversa-

tandis qu'il signifie *maraîcher*. Des erreurs semblables auraient lieu pour une foule d'autres mots.

On peut d'ailleurs apprécier en quelque sorte mathématiquement pour la lettre ب dont nous avons donné les mots la peine superflue que se donnent ceux qui, voulant apprendre seulement l'arabe vulgaire, se livrent à l'étude de l'arabe littéral. Si l'on calcule, en effet, le nombre de mots et de formes de verbes que renferme la lettre ب dans Freytag, on verra qu'elle en contient plus de 3,000, et sur cette quantité de mots et de formes, 267 seulement sont usités en arabe vulgaire. Supposons, si l'on veut, que le tiers seulement des mots et formes inscrits à la lettre ب dans Freytag soient d'un usage habituel dans les auteurs, et que parmi ces mots se trouvent les 267 usités en arabe vulgaire, toujours est-il qu'il faudra apprendre plus de 1,000 mots pour connaître les 267 dont on a besoin. Quelle perte de temps n'éviterait-on pas à l'aide d'un dictionnaire qui ne renfermerait que les mots usités en langue vulgaire? En faisant ce calcul, nous n'avons pas tenu compte des significations si diverses attachées presque toujours dans Freytag à un même mot, ce qui augmenterait beaucoup la proportion des choses à apprendre par rapport à celles qui doivent être sues pour ne connaître que l'arabe vulgaire.

(1) Je ne puis parler ici que de la généralité des individus. Il est clair, par exemple, que Messieurs les officiers des bureaux arabes, par leurs relations habi-

tions peu fréquentes tous les mots d'une langue, ne voit-on pas qu'il y a là impossibilité complète d'arriver jamais à en avoir une connaissance approfondie, surtout quand il s'agit d'une langue dont les sons diffèrent essentiellement des nôtres, et qui sert à exprimer un ordre d'idées dont nous n'avons pas souvent le moindre soupçon (1) ? Remarquons d'ailleurs qu'en saisissant ainsi un à un les mots dans la conversation, à moins de faire expliquer l'un après l'autre ceux que l'on entendra, ce qui est à peu près impossible (2), on sera conduit *forcément* à commettre d'étranges erreurs. La source de ces nombreuses erreurs proviendra de ce qu'ayant considéré dans une phrase particulière un mot arabe comme pouvant se traduire par un certain mot français, on sera conduit naturellement à donner une même étendue de sens au mot arabe qu'au mot français, tandis que bien souvent le mot arabe ne s'applique que dans une circonstance tout à fait particulière. Qu'un arabisant, par exemple, entende un Maure dire à un portefaix d'Alger : برّق هذه السندوق *Liez cette caisse*, il sera porté

---

tuelles et journalières avec les indigènes, et parce qu'ils sont mêlés forcément à leurs affaires, ont plus que tous les autres la facilité d'apprendre la langue parlée ; aussi ont-ils toujours nié avec une grande raison, au moins d'une manière implicite, puisqu'ils demandent un dictionnaire pour la langue vulgaire, la non-existence de cette langue.

(1) Je ne dis pas cependant qu'il soit impossible d'arriver par le moyen du café maure, et même en peu de temps, à tenir une conversation avec un indigène, car on peut toujours exprimer ses idées d'une façon plus ou moins exacte à l'aide d'un très-petit nombre de mots; puis, le fil de la conversation fait deviner le sens général des phrases ou membres de phrases que l'on a entendues, mais que l'on n'a comprises qu'à moitié. Toutefois, cette personne que vous voyez causer avec une certaine facilité, menez-la à une audience arabe, faites-lui entendre deux indigènes qui parlent entre eux, sans qu'elle connaisse le sujet de la conversation, et peut-être qu'à la fin elle n'en saura pas plus que vous, qui n'avez jamais étudié l'arabe.

(2) On ne peut, en effet, interrompre celui qui parle à chaque phrase ou membre de phrase, et les mots déjà entendus et que l'on n'a pas compris s'oublient très-facilement. Beaucoup de gens, d'ailleurs, guidés par l'habitude, savent employer un mot à propos, mais sont incapables d'en expliquer la véritable valeur.

à employer le mot بزّق pour dire *lier* dans tous les cas possibles; et ce mot, ainsi que nous l'avons vu dans le chapitre premier, ne peut s'employer ainsi que dans une circonstance tout à fait spéciale (1).

Il résulte de tout ce que nous venons de dire que les ressources actuelles sont à peu près nulles pour celui qui voudrait faire une étude sérieuse de la langue vulgaire. Exposons maintenant le moyen de remédier à ce fâcheux état de choses.

III.

§ III. *Comment rendre facile à tous l'étude de la langue vulgaire?*

Si le contact et la fréquentation des Arabes, si les livres déjà existants n'offrent qu'un secours insuffisant pour étudier à fond la langue parlée, par quel moyen pourra-t-on arriver à l'apprendre et à la connaître? Il faudra évidemment un livre où l'on puisse rencontrer à la fois tous les mots de l'arabe vulgaire, et qui permette en même temps par une opération simple et facile de les graver dans la mémoire. Un

---

(1) De la remarque que je viens de faire on peut conclure qu'il sera presque impossible d'obtenir un dictionnaire *français-arabe* bien complet, tant qu'on ne possédera pas préalablement un dictionnaire *arabe-français*, car celui qui composerait tout d'abord un dictionnaire *français-arabe* à l'aide d'un indigène, ne pourrait connaître à priori toutes les circonstances dans lesquelles un mot français peut avoir une façon particulière d'être traduit. Il ne s'imaginerait pas, par exemple, que le verbe *lier* soit susceptible d'une traduction spéciale, quand il s'agit de *lier* une caisse pour la porter; que le mot *creuser* soit susceptible d'une traduction spéciale, uniquement quand il s'agit de faire un trou au pied d'un arbre pour y amasser l'eau. Cet inconvénient, au contraire, est évité en faisant un dictionnaire arabe-français; car, en parcourant à l'aide d'un indigène intelligent la série des mots arabes, berbères ou turcs commençant par une même lettre, les sons entendus par l'indigène lui rappellent les mots usités dans sa langue et leurs dérivés. Un dictionnaire *arabe-français* graverait d'ailleurs beaucoup mieux les mots dans la mémoire, parce qu'on pourrait y observer l'enchaînement des racines et des dérivés.

dictionnaire *arabe-français* fait dans les conditions ordinaires serait bien loin de satisfaire à toutes ces exigences. Quel est, en effet, celui qui aurait assez de courage pour apprendre tous les mots d'un dictionnaire les uns après les autres? Eût-il la force morale et la mémoire nécessaires pour venir à bout de ce travail ingrat, il n'aurait recueilli qu'un amas confus de matériaux qu'il ne saurait point relier les uns aux autres. Autre chose assurément est de connaître le sens d'un mot, autre chose est de l'employer à propos dans la conversation ; et s'il fallait que chacun en particulier composât une phrase pour essayer le sens d'un mot qu'il aurait trouvé dans le dictionnaire, quelle perte de temps pour lui, et souvent que d'essais infructueux ! Il rencontrerait rarement un Arabe capable de rectifier la phrase qu'il aurait écrite, et la plupart du temps les tournures qu'il emploierait n'auraient pas le cachet de la phrase indigène. Tout inconvénient, ce me semble, serait levé, si ce dictionnaire *arabe-français*, que j'appellerai *Dictionnaire-dialogue*, présentait pour chaque mot un ensemble de phrases choisies, de telle sorte qu'elles fissent ressortir avec la dernière évidence les divers sens qui lui seraient attribués ; l'opération que l'on serait obligé de faire pour avoir le mot à mot dans chacune de ces phrases, le soin qu'on prendrait de la répéter à un indigène pour s'assurer si le sens donné est véritablement exact, l'enchaînement naturel des racines et des dérivés; tout cela réuni permettrait de graver sans effort dans sa mémoire le sens d'un mot et les circonstances dans lesquelles on peut l'employer. Si je vois, par exemple, dans ce dictionnaire, جفنة *vase en bois dont les Arabes se servent pour mettre le kouskous,* puis à côté جفن *faire un trou au pied d'un arbre pour y faire séjourner l'eau* (1), celui qui aura vu le vase nommé جفنة saisira tout de suite la raison du mot جفن ; il reconnaîtra que la partie supérieure du vase nommé جفنة ayant la forme d'une large soucoupe, c'est-à-dire la forme qu'affectent généralement les trous creusés au

(1) On dit : جفن على شجرة.

pied des arbres pour y conserver l'eau, on a créé le mot جفّن, qui signifie en quelque sorte *faire comme une soucoupe au pied d'un arbre;* mais si à côté de جفّن et de جفنة je trouve une phrase assez étendue pour préciser avec une grande exactitude le sens des mots جفّن et جفنة, qui ne reconnaîtra qu'après avoir traduit ces phrases, puis les avoir répétées et fait répéter à un indigène, ou même à plusieurs d'entre eux, ce qui à mon avis est de toute nécessité, les mots جفّن et جفنة se trouveront pour bien longtemps, et pour toujours peut-être, gravés dans la mémoire, et cela sans effort ni perte de temps. Mais quand un même mot aura plusieurs dérivés, quand un même verbe au lieu d'avoir une seule forme en affectera plusieurs, après la simple lecture du dictionnaire, et après avoir, comme nous l'avons dit plus haut, répété et fait répéter à un indigène toutes ces phrases citées comme exemples, il deviendra impossible à la mémoire la plus ingrate de ne pas retenir la racine en question et plusieurs de ses dérivés. L'exemple suivant sera, ce me semble, une preuve de ce que nous avançons.

بدل, II. بدّل, يبدّل, *n. a.* تبديل Changer *l'ordre, la disposition;* changer, *convertir une chose en une autre;* changer, *substituer une chose à une autre;* changer, troquer, échanger, *r. d. ou* ب. Ex. : لازم تبدّل تستيفة هذه البيت Il faut changer l'ordre et la disposition des effets dans cette chambre. — من جملة معجزات سيدنا عيسى بدّل الما بالشراب Un des nombreux miracles de Notre Seigneur Jésus-Christ fut de changer l'eau en vin. *Dans cet exemple, prononcez djemelet, et non djemela.* — اذا تمشى للبال لازم تبدّل حوايجك Si vous allez au bal, il faut changer vos effets. — نكرى لك هذا الجنان ونشرط فيك ما تبدّل ما تغيّر Je vous loue ce jardin, mais avec la condition expresse que vous n'y ferez aucun changement. — الله لا يبدّل ولا يغيّر فينا Puisse Dieu nous laisser dans l'état où nous sommes! — الطير راه يبدّل فى الريش Les oiseaux muent en ce moment. *Quand un lutteur maure prenant le bras d'un autre lutteur l'amenait à ses pieds renversé sur le dos après l'avoir fait tourner sur lui-même, on disait :* بدّل به وجابه مخبوط على ظهره. — بدّل معه بهذا الكتاب Il a changé ce livre avec lui. — بدلت هذا الكتاب بسنيدقة J'ai changé ce livre contre une tabatière. *Remarquez ici que le premier régime a perdu* ب; *avec la IIIe forme il n'en est plus ainsi.*

III. بادل, يبادل, *n. a.* مبادلة Changer, troquer, échanger, *r. d.* Ex. : بادلت بهذا الكتاب بسنيدقة J'ai échangé ce livre contre une tabatière.

V. تبدّل, يتبدّل Varier, se changer, *le temps, le caractère, un homme en place, etc.* Ex. : الرمضان يتبدّل كلّ عام حتى يدور على الفصول كلّهم Le ramadan varie tous les ans et parcourt ainsi toutes les saisons de l'année. — الحال بدا يتبدّل Le temps commence à changer. — تبدّل عليه الهوا Il a changé de climat. — تبدّل علىّ الما Ce n'est plus là l'eau que je bois habituellement. (*Cette expression n'est employée généralement que par un voyageur qui a changé de pays et qui ne retrouve plus l'eau à laquelle il est habitué.*)

VI. تبادل, يتبادل Échanger, faire un échange, ب. Ex. : تبادل معىّ بهذا الكتاب Il a changé ce livre avec moi.

بدل *pl. non usité,* Échange, troc. Ex. : هذا الرجل والع فى البدل Cet homme aime à faire des échanges.

تبديل Changement de linge ou de vêtements; *quelquef.* changement en général. Ex. : هذا الرجل والع فى التبديل Cet homme aime à changer souvent de linge et de vêtements. — فى زمان السخانة بن ادم يحبّ التبديل A l'époque des chaleurs on se plaît à changer souvent de linge. — تبديل الدين Changement de religion.

تبدلة, *pl.* ات Changement de vêtements. Ex. : فى كلّ شهر يبدّل ثلاثيت تبدلة Il change de vêtements tous les jours. *On dit d'un sultan ou d'un prince qui est sorti après avoir quitté ses habits ordinaires pour qu'on ne le reconnût pas :* خرج فى التبدلة *c'est-à-dire,* Il est sorti incognito. *On emploierait de même* تبديل.

L'étude d'un *dictionnaire-dialogue* fait sur les bases que nous venons d'indiquer n'aurait pas seulement pour résultat d'apprendre les mots de la langue, il est évident qu'elle ferait connaître encore les usages, les mœurs et les préjugés des Maures et des Arabes, avantage immense pour ceux qui sont appelés à la direction et au gouvernement des indigènes, ainsi qu'à les faire entrer et à les conduire dans les voies de la civilisation. Mais, dira-t-on peut-être, vous proposez ainsi un livre dont le volume seul effrayerait les plus courageux, et que personne n'aura jamais la pensée de composer. Je ne puis répondre à cette objection qu'en invoquant mon expérience ; mais je ne crains pas d'affirmer qu'après avoir fait sur le plan proposé le quart du dictionnaire, c'est-à-dire après avoir fait accompagner chaque racine d'une multitude d'exemples, j'ai reconnu qu'on n'atteindrait pas ainsi la valeur de l'abrégé de Freytag, *excerptum in usum tironum;* on n'irait donc pas au delà d'un volume de sept à huit cent pages (1), volume dont l'aspect n'a rien d'effrayant, quand il ne s'agit guère que de le lire pour apprendre une langue (2).

Dans l'hypothèse où nous nous sommes placé, le dictionnaire serait fait uniquement pour la province d'Alger ; mais afin qu'on pût apprendre à son aide le dialecte de telle ou telle province, un numéro placé

(1) Ce qui explique le petit volume auquel on atteindrait en suivant un pareil procédé, c'est que la quantité des mots employés en arabe vulgaire est bien moins considérable que celle des mots usités en arabe littéral, et chaque racine a bien moins de significations et de dérivés que n'en ont généralement les racines usitées en arabe littéral.

(2) Remarquons bien qu'à cause de la multitude des exemples on connaîtrait presque toute la langue arabe, quand on aurait étudié d'une manière sérieuse le tiers ou le quart du *dictionnaire-dialogue*.

sur chaque mot d'une phrase qui ne serait pas commun aux trois provinces indiquerait par un renvoi au bas de la page quel serait le mot qui devrait le remplacer dans telle ou telle province. On pourrait donc ainsi, après avoir parcouru entièrement le dictionnaire-dialogue à l'aide d'un indigène, c'est-à-dire *après une étude de quelques mois*, arriver à connaître à fond une langue si facile en elle-même, mais qu'on ne peut bien savoir aujourd'hui qu'après *un travail de plusieurs années.*

FIN.

Imprimerie de Marius Nicolas, à Meulan (Seine-et-Oise).

BIBLIOTHEQUE NATIONALE DE FRANCE
3 7531 00643952 6

www.ingramcontent.com/pod-product-compliance
Lightning Source LLC
LaVergne TN
LVHW010040230826
846091LV00005B/1796

9782011910639